Franz Grillparzer

Sappho

Trauerspiel in fünf Aufzügen

Mit einem Nachwort von
Helmut Bachmaier

Philipp Reclam jun. Stuttgart

Der Text folgt, bei behutsamer Modernisierung der Orthographie: Franz Grillparzers Werke. Herausgegeben von August Sauer. Erster Band. Wien/Leipzig: Gerlach & Wiedling, 1909.

RECLAMS UNIVERSAL-BIBLIOTHEK Nr. 4378

Gesamtherstellung: Reclam, Ditzingen. Printed in Germany 2012

ISBN 978-3-15-004378-3

www.reclam.de

Dem Herrn

Carl August West

widmet diesen

seinen zweiten dramatischen Versuch,

als Zeichen

der

Dankbarkeit und Freundschaft,

der Verfasser.

PERSONEN

Sappho
Phaon
Eucharis } *Dienerinnen Sapphos*
Melitta }
Rhamnes, *Sklave*
Ein Landmann
Dienerinnen, Knechte und Landleute

ERSTER AUFZUG

Freie Gegend. Im Hintergrunde das Meer, dessen flaches Ufer sich gegen die linke Seite zu in felsichten Abstufungen emporhebt. Hart am Ufer ein Altar der Aphrodite. Rechts im Vorgrunde der Eingang einer Grotte mit Gesträuch und Eppich umwachsen; weiter zurück das Ende eines Säulenganges mit Stufen, zu Sapphos Wohnung führend. Auf der linken Seite des Vorgrundes ein hohes Rosengebüsch mit einer Rasenbank davor.

ERSTER AUFTRITT

Zimbeln und Flöten und verworrener Volkszuruf in der Ferne. Rhamnes stürzt herein.

Rhamnes.
Auf, auf vom weichen Schlaf! Sie kommt, sie naht!
O daß doch nur die *Wünsche* Flügel haben
Und träg der Fuß, indes das Herz lebendig.
Heraus ihr faulen Mädchen! Zögert ihr?
Der trifft euch nicht, der Jugend vorschnell nennt.

(Eucharis, Melitta und Dienerinnen aus dem Säulengange.)

Melitta. Was schiltst du uns, da sind wir ja!
Rhamnes. Sie naht.
Melitta. Wer? – Götter!
Rhamnes. Sappho naht!
Geschrei *(von innen).* Heil, Sappho, Heil!
Rhamnes. Jawohl, Heil, Sappho, Heil! Du braves Volk!
Melitta. Doch was bedeutet –
Rhamnes. Nun bei allen Göttern
Was frägt das Mädchen auch so wunderlich.
Sie kehret von Olympia, hat den Kranz,
Den Kranz des Sieges hat sie sich errungen;
Im Angesicht des ganzen Griechenlands,
Als Zeugen edlen Wettkampfs dort versammelt,
Ward ihr der Dichtkunst, des Gesanges Preis.

Drum eilt das Volk ihr jauchzend nun entgegen,
Schickt auf des Jubels breiten Fittichen
Den Namen der Beglückten zu den Wolken.
Und *diese* Hand war's, ach, und *dieser* Mund,
Der sie zuerst der Leier Sprach' entlocken
Und des Gesanges regellose Freiheit
Mit süßem Band des Wohllauts binden lehrte.

Volk *(von innen)*. Heil Sappho, Sappho Heil!

Rhamnes *(zu den Mädchen)*. So freut euch doch!
Seht ihr den Kranz?

Melitta. Ich sehe Sappho nur!
Wir wollen ihr entgegen!

Rhamnes. Bleibt nur, bleibt!
Was soll ihr eurer Freude schlechter Zoll?
Sie ist an andern Beifall nun gewohnt!
Bereitet lieber alles drin im Hause,
Nur dienend ehrt der Diener seinen Herrn.

Melitta. Siehst du an ihrer Seite –

Rhamnes. Was?

Melitta. Siehst du?
Hoch eine andre, glänzende Gestalt,
Wie man der Leier und des Bogens Gott
Zu bilden pflegt!

Rhamnes. Ich sehe! Doch ihr geht!

Melitta. Und erst nur riefst du uns!

Rhamnes. Ich rief euch, ja!
Ihr solltet wissen, daß die Herrin naht,
Ihr solltet wissen, daß euch Freude Pflicht,
Doch freuen mögt ihr euch nur drin im Haus.
Der *Mann* mag das Geliebte laut begrüßen,
Geschäftig für sein Wohl liebt still das *Weib*.

Melitta. So laß uns nur –

Rhamnes. Nicht doch! Nur fort, nur fort!
(Er treibt die Mädchen fort.)
Nun mag sie kommen, nun wird Albernheit
Ihr vorlaut nicht die schöne Feier stören.

ZWEITER AUFTRITT

Sappho, köstlich gekleidet, auf einem mit weißen Pferden bespannten Wagen, eine goldne Leier in der Hand, auf dem Haupte den Siegeskranz. Ihr zur Seite steht Phaon in einfacher Kleidung. Volk umgibt laut jubelnd den Zug.

Volk *(auftretend).* Heil Sappho, Heil!
Rhamnes *(sich unter sie mischend).*
Heil Sappho, teure Frau!
Sappho. Dank Freunde, Landsgenossen Dank.
Um euretwillen freut mich dieser Kranz
Der nur den *Bürger* ziert, den *Dichter* drückt,
In eurer Mitte nenn ich ihn erst mein.
Hier, wo der Jugend träumende Entwürfe,
Wo des Beginnens schwankendes Bestreben,
Wo des Vollbringens wahnsinnglühnde Lust
Mit eins vor meine trunkne Seele treten,
Hier, wo Zypressen von der Eltern Grab
Mir leisen Geistergruß herüberlispeln,
Hier, wo so mancher Frühverblichne ruht
Der meines Strebens, meines Wirkens sich erfreut,
In eurem Kreis, in meiner Lieben Mitte,
Hier dünkt mir dieser Kranz erst kein Verbrechen,
Hier wird die frevle Zier mir erst zum Schmuck.
Einer aus dem Volke.
Wohl uns, daß wir dich, Hohe, unser nennen!
Habt die bescheidne Rede ihr vernommen,
Mehr als ganz Griechenland hat sie ihr Wort geschmückt!
Rhamnes *(sich hinzudrängend).*
Sei mir gegrüßt, gegrüßt, du Herrliche!
Sappho *(vom Wagen herabsteigend und die Umstehenden freundlich grüßend).*
Mein treuer Rhamnes sei gegrüßt! – Artander,
Du auch hier, trotzend deines Alters Schwäche?
Kallisto – Rhodope – Ihr weinet Liebe! –
Das Auge zahlt so richtig als das Herz
Für Tränen Tränen, seht! – O schonet mein!
Einer aus dem Volke.
Willkommen auf der Heimat altem Boden,
Willkommen in der Deinen frohem Kreis!

Sappho. Umsonst sollt ihr die Bürgerin nicht grüßen,
Sie führt zum Dank euch einen Bürger zu.
Hier Phaon. Von den Besten stammet er
Und mag auch kühn sich stellen zu den Besten!
Obschon die Jahre ihn noch Jüngling nennen,
Hat ihn als Mann so Wort als Tat erwiesen.
Wo ihr des Kriegers Schwert bedürft,
Des Redners Lippe und des Dichters Mund,
Des Freundes Rat, des Helfers starken Arm,
Dann ruft nach ihm und suchet länger nicht.

Phaon. Du spottest Sappho eines armen Jünglings!
Wodurch hätt' ich so reiches Lob verdient?
Wer glaubt so Hohes von dem Unversuchten?

Sappho. Wer sieht, daß du errötest, da ich's sage.

Phaon. Ich kann beschämt nur staunen und verstummen.

Sappho. Du sicherst dir was du von dir entfernst,
Geschwister sind ja Schweigen und Verdienst.
Ja meine Freunde, mögt ihr's immer wissen,
Ich liebe ihn, auf ihn fiel meine Wahl.
Er war bestimmt, in seiner Gaben Fülle,
Mich von der Dichtkunst wolkennahen Gipfeln
In dieses Lebens heitre Blütentäler
Mit sanft bezwingender Gewalt herabzuziehn.
An seiner Seite werd ich unter euch
Ein einfach stilles Hirtenleben führen;
Den Lorbeer mit der Myrte gern vertauschend
Zum Preise nur von häuslich stillen Freuden
Die Töne wecken dieses Saitenspiels.
Die ihr bisher bewundert und verehrt,
Ihr sollt sie lieben lernen, *lieben* Freunde.

Volk. Preis dir du Herrliche! Heil Sappho, Heil!

Sappho. Es ist genug! Ich dank euch, meine Freunde!
Folgt meinem Diener, er wird euch geleiten,
Daß ihr bei Speis' und Trank und frohen Tänzen
Die Feier unsers Wiedersehns vollendet,
Der Wiederkehr der Schwester zu den Ihren!
(Zu den Landleuten die sie begrüßen.)
Lebt wohl – auch du – und du – ihr alle – alle!

(Rhamnes mit den Landleuten ab.)

DRITTER AUFTRITT

Sappho. Phaon.

Sappho.
Siehst du, mein Freund, so lebt nun deine Sappho!
Für Wohltat Dank, für Liebe – Freundlichkeit,
So ward mir's stets im Wechseltausch des Lebens;
Ich war zufrieden, und bin hoch beglückt,
Gibst du auch halb nur wieder das Empfangne,
Wenn du dich nicht für übervorteilt hältst.
Ich hab gelernt verlieren und entbehren;
Die beiden Eltern sanken früh ins Grab
Und die Geschwister, nach so mancher Wunde,
Die sie dem treuen Schwesterherzen schlugen,
Teils Schicksals Laune, und teils eigne Schuld
Stieß früh sie schon zum Acheron hinunter.
Ich weiß wie Undank brennt, wie Falschheit martert,
Der Freundschaft und der – Liebe Täuschungen
Hab ich in diesem Busen schon empfunden,
Ich hab gelernt verlieren und entbehren!
Nur *eins* verlieren könnt' ich wahrlich nicht,
Dich Phaon, deine Freundschaft, deine Liebe!
Drum mein Geliebter, prüfe dich!
Du kennst noch nicht die Unermeßlichkeit
Die auf und nieder wogt in dieser Brust.
O laß mich's nie, Geliebter nie erfahren,
Daß ich den vollen Busen legte an den deinen
Und fänd' ihn leer!
Phaon. Erhabne Frau!
Sappho. Nicht so!
Sagt dir dein Herz denn keinen süßern Namen?
Phaon. Weiß ich doch kaum was ich beginne, was ich sage.
Aus meines Lebens stiller Niedrigkeit
Hervorgezogen – an den Strahl des Lichts,
Auf einen luft'gen Gipfel hingestellt
Nach dem der Besten Wünsche fruchtlos zielen,
Erliege ich der unverhofften Wonne,
Kann ich mich selbst in all dem Glück nicht finden.
Die Wälder und die Ufer seh ich fliehn,
Die blauen Höhn, die niedern Hütten schwinden,

Und kaum vermag ich's mich zu überzeugen,
Daß alles feststeht und nur *ich* es bin,
Der auf des Glückes Wogen taumelnd wird getragen.
Sappho.
Du schmeichelst süß, doch, Lieber, schmeichelst du!
Phaon. Und bist du wirklich denn die hohe Frau,
Die von der Pelops-Insel fernstem Strand
Bis dahin wo des rauhen Thrakers Berge
Sich an die lebensfrohe Hellas knüpfen
Auf jedem Punkt, den land- und menschenfern
Ins Griechenmeer Kronions Hand geschleudert,
An Asiens reicher, sonnenheller Küste,
Allüberall, wo nur ein griech'scher Mund
Die heitre Göttersprache singend spricht,
Der Ruf mit Jubel zu den Sternen hebt?
Und bist du wirklich jene hohe Frau,
Wie fiel dein Auge denn auf einen Jüngling,
Der dunkel, ohne Namen, ohne Ruf,
Sich höhern Werts nicht rühmt als – diese Leier
Die man verehrt weil *du* sie hast berührt.
Sappho.
Pfui doch, der argen, schlechtgestimmten Leier!
Tönt sie, berührt, der eignen Herrin Lob?
Phaon. O seit ich denke, seit die schwache Hand
Der Leier Saiten selber schwankend prüfte,
Stand auch dein hohes Götterbild vor mir!
Wenn ich in der Geschwister frohem Kreise
An meiner Eltern niederm Herde saß
Und nun Theano, meine gute Schwester,
Die Rolle von dem schwarzen Simse holte
Ein Lied von dir, von Sappho uns zu sagen,
Wie schwiegen da die lauten Jünglinge,
Wie rückten da die Mädchen knapp zusammen
Um ja kein Korn des Goldes zu verlieren;
Und wenn sie nun begann, vom schönen Jüngling,
Der Liebesgöttin liebeglühnden Sang,
Die Klage einsam hingewachter Nacht,
Von Andromedens und von Atthis' Spielen,
Wie lauschte jedes, seinen Atemzug
Der lusterfüllt den Busen höher schwellte

Ob allzulauter Störung still verklagend.
Dann legte wohl die sinnige Theano
Das Haupt zurück an ihres Stuhles Lehne
Und in der Hütte räumig Dunkel blickend
Sprach sie, wie mag sie aussehn wohl, die Hohe?
Mir dünkt ich sehe sie! Bei allen Göttern,
Aus tausend Frauen wollt' ich sie erkennen.
Da war der Zunge Fessel schnell gelöst
Und jedes quälte seine Phantasie
Mit einem neuen Reize dich zu schmücken,
Der gab dir Pallas' Aug', der Heres Arm,
Der Aphroditens reizdurchwirkten Gürtel;
Nur ich stand schweigend auf, und ging hinaus
Ins einsam stille Reich der heil'gen Nacht.
Dort an den Pulsen der süß schlummernden Natur,
In ihres Zaubers magisch-mächt'gen Kreisen,
Da breitet' ich die Arme nach dir aus;
Und wenn mir dann der Wolken Flockenschnee,
Des Zephyrs lauer Hauch, der Berge Duft,
Des bleichen Mondes silberweißes Licht
In eins verschmolzen um die Stirne floß,
Dann warst du mein, dann fühlt' ich deine Nähe
Und Sapphos Bild schwamm in den lichten Wolken!

S a p p h o.
Du schmückest mich von deinem eignen Reichtum,
Weh, nähmst du das Geliehne je zurück!

P h a o n. Und als der Vater nach Olympia
Mich zu des Wagenlaufes Streit nun sandte,
Und auf dem ganzen Wege mir's erscholl,
Daß Sapphos Leier um der Dichtkunst Krone
In diesem Kampfe streiten, siegen werde;
Da schwoll das Herz von sehnendem Verlangen
Und meine Renner sanken tot am Wege
Eh' ich Olympias Türme noch erschaut.
Ich langte an, der Wagen flücht'ger Lauf,
Der Ringer Kunst, des Diskus frohes Spiel
Berührten nicht den ahnungsvollen Sinn;
Ich fragte nicht wer sich den Preis errungen,
Hatt' ich den schönsten, höchsten doch erreicht,
Ich sollte sie sehn, sie der Frauen Krone.

Jetzt kam der Tag für des Gesanges Kämpfe.
Alkäos sang, Anakreon, umsonst
Sie konnten meiner Sinne Band nicht lösen.
Da, horch! Da tönt Gemurmel durch das Volk,
Da teilt die Menge sich, jetzt war's geschehn. –
Mit einer goldnen Leier in der Hand
Trat eine Frau durchs staunende Gewühl.
Das Kleid von weißer Unschuldfarbe floß
Hernieder zu den lichtversagten Knöcheln,
Ein Bach der über Blumenhügel strömt.
Der Saum, von grünen Palm- und Lorbeerzweigen,
Sprach, Ruhm und Frieden sinnig zart bezeichnend,
Aus, was der Dichter braucht und was ihn lohnt.
Wie rote Morgenwolken um die Sonne
Floß rings ein Purpurmantel um sie her
Und durch der Locken rabenschwarze Nacht
Erglänzt, ein Mond, das helle Diadem,
Der Herrschaft weithinleuchtend, hohes Zeichen –
Da rief's in mir: Die ist es; und du warst's.
Eh' die Vermutung ich noch ausgesprochen
Rief tausendstimmig mir des Volkes Jubel
Bestätigung der süßen Ahnung zu.
Wie du nun sangst, wie du nun siegtest, wie,
Geschmückt mit der Vollendung hoher Krone,
Nun in des Siegs Begeisterung die Leier
Der Hand entfällt, ich durch das Volk mich stürze
Und von dem Blick der Siegerin getroffen
Der blöde Jüngling schamentgeistert steht;
Das weißt du, Hohe, besser ja als ich,
Der ich, kaum halb erwacht, noch sinnend forsche,
Wieviel davon geschehn, wieviel ich nur geträumt.

Sappho.
Wohl weiß ich's, wie du stumm und schüchtern standst.
Das ganze Leben schien im Auge nur zu wohnen,
Das sparsam aufgehoben von dem Grund
Den nicht verlöschten Funken laut genug bezeugte.
Ich hieß dich folgen und du folgtest mir
In ungewisses Staunen tief versenkt.

Phaon. Wer glaubte auch, daß Hellas' erste Frau
Auf Hellas' letzten Jüngling würde schauen!

S a p p h o. Dem Schicksal tust du Unrecht und dir selbst!
Verachte nicht der Götter goldne Gaben,
Die sie bei der Geburt dem Kinde, das
Zum Vollgenuß des Lebens sie bestimmt,
Auf Wang' und Stirn, in Herz und Busen gießen!
Gar sichre Stützen sind's, an die das Dasein
Die leichtzerrißnen Fäden knüpfen mag.
Des Leibes Schönheit ist ein schönes Gut
Und Lebenslust ein köstlicher Gewinn,
Der kühne Mut, der Weltgebieter Stärke,
Entschlossenheit und Lust an dem was *ist*,
Und Phantasie, hold dienend wie sie soll,
Sie schmücken dieses Lebens rauhe Pfade
Und *leben* ist ja doch des Lebens höchstes Ziel!
Umsonst nicht hat zum Schmuck der Musen Chor
Den unfruchtbaren Lorbeer sich erwählt,
Kalt, frucht- und duftlos drücket er das Haupt
Dem er Ersatz versprach für manches Opfer.
Gar ängstlich steht sich's auf der Menschheit Höhn
Und ewig ist die arme Kunst gezwungen,
(Mit ausgebreiteten Armen gegen Phaon.)
Zu betteln von des Lebens Überfluß.
P h a o n. Was kannst du sagen, holde Zauberin,
Das man für wahr nicht hielte, da du's sagst?
S a p p h o.
Laß uns denn trachten, mein geliebter Freund,
Uns *beider* Kränze um die Stirn zu flechten,
Das Leben aus der Künste Taumelkelch,
Die Kunst zu schlürfen aus der Hand des Lebens.
Sieh diese Gegend, die der Erde halb
Und halb den Fluren die die Lethe küßt
An einfach stillem Reiz scheint zu gehören;
In diesen Grotten, diesen Rosenbüschen,
In dieser Säulen freundlichen Umgebung,
Hier wollen wir, gleich den Unsterblichen,
Für die kein Hunger ist und keine Sättigung,
Nur des Genusses ewig gleiche Lust,
Des schönen Daseins uns vereint erfreun.
Was mein ist, ist auch dein. Wenn du's gebrauchst,
So machst du erst daß der Besitz mich freut.

Sieh um dich her, du stehst in deinem Hause.
Den Dienern zeig ich dich als ihren Herrn,
Der Herrin Beispiel wird sie dienen lehren.
Heraus ihr Mädchen! Sklaven! Hierher!

Phaon. Sappho!
Wie kann ich so viel Güte je bezahlen?
Stets wachsend fast erdrückt mich meine Schuld!

VIERTER AUFTRITT

Eucharis. Melitta. Rhamnes. Diener und Dienerinnen. Vorige.

Rhamnes. Du riefst, Gebieterin!

Sappho. Ja, tretet näher!
Hier sehet euern Herrn!

Rhamnes *(verwundert, halblaut).*
Herrn?

Sappho. Wer spricht hier?
(Gespannt.) Was willst du sagen?

Rhamnes *(zurücktretend).* Nichts!

Sappho. So sprich auch nicht!
Ihr seht hier euern Herrn. Was er begehrt
Ist euch Befehl nicht minder als mein eigner.
Weh dem, der ungehorsam sich erzeigt,
Den eine Wolke nur auf dieser Stirn
Als Übertreter des Gebots verklagt!
Vergehen gegen *mich* kann ich vergessen,
Wer *ihn* beleidigt wecket meinen Zorn! –
Und nun, mein Freund, vertrau dich ihrer Sorgfalt,
Schwer liegt, ich seh's, der Reise Last auf dir.
Laß sie des Gastrechts heilig Amt versehen,
Genieße freundlich Sapphos erste Gabe!

Phaon. O könnt' ich doch mein ganzes frühres Leben
Umtauschend, wie die Kleider, von mir werfen,
Besinnung mir und Klarheit mir gewinnen,
Um ganz zu sein, was ich zu sein begehre!
So lebe wohl! Auf lange, denk ich, nicht!

Sappho. Ich harre dein. Leb wohl. – Du bleib Melitta!
(Phaon und Diener ab.)

FÜNFTER AUFTRITT

Sappho. Melitta.

Sappho *(nachdem sie ihm lange nachgesehen).*
Melitta, nun?
Melitta. Was, o Gebieterin?
Sappho. So wallt denn nur in *diesen* Adern Blut,
Und rinnend Eis stockt in der andern Herzen?
Sie sahen ihn, sie hörten seine Stimme,
Dieselbe Luft, die seine Stirn gefächelt,
Hat ihre lebenleere Brust umwallt
Und dumpf ist ein: was, o Gebieterin?
Der erste Laut, der ihnen sich entpreßt.
Fürwahr, dich hassen könnt' ich! – Geh!
(Melitta geht schweigend.)
Sappho *(die sich unterdessen auf die Rasenbank geworfen).* Melitta!
Und weißt du mir so gar nichts denn zu sagen,
Was mich erfreuen könnte, liebes Kind?
Du sahst ihn doch, bemerktest du denn nichts,
Was wert gesehn, erzählt zu werden wäre?
Wo waren deine Augen, Mädchen?
(Sie bei der Hand ergreifend und an ihre Knie ziehend.)
Melitta. Du weißt wohl noch, was du uns öfters sagtest,
Daß Jungfraun es in Fremder Gegenwart
Nicht zieme frei die Blicke zu versenden.
Sappho. Und armes Ding, du schlugst die Augen nieder?
(Küßt sie.)
Das also war's? Mein Kind die Lehre galt
Nicht dir, den Ältern nur, den minder Stillen!
Dem Mädchen ziemt noch was der Jungfrau nicht.
(Sie mit den Augen messend.)
Doch sieh einmal; wie hast du dich verändert
Seit ich dich hier verließ. Ich kenne dich nicht mehr.
Um so viel größer und –
(Küßt sie wieder.) Du süßes Wesen!
Du hattest recht, die Lehre galt auch dir!
(Aufstehend.)
Warum so stumm noch immer und so schüchtern?
Du warst doch sonst nicht so. Was macht dich zagen?

Nicht Sappho, die Gebietrin steht vor dir,
Die Freundin Sappho spricht mit dir Melitta.
Der Stolz, die Ehrbegier, des Zornes Stachel
Und was sonst schlimm an deiner Freundin war
Es ist mit ihr nach Hause nicht gekehret;
Im Schoß der Fluten hab ich es versenkt,
Als ich an seiner Seite sie durchschiffte.
Das eben ist der Liebe Zaubermacht
Daß sie veredelt, was ihr Hauch berührt,
Der Sonne ähnlich deren goldner Strahl
Gewitterwolken selbst in Gold verwandelt.
Hab ich dich je mit rascher Rede, je
Mit bitterm Wort gekränkt, o so verzeih!
In Zukunft wollen wir als traute Schwestern
In seiner Nähe leben, gleichgepaart,
Allein durch seine Liebe unterschieden.
O ich will gut noch werden, fromm und gut!

Melitta.
Bist du's nicht jetzt, und warst du es nicht immer?

Sappho.
Ja gut, wie man so gut nennt, was nicht schlimm!
Doch g'nügt so wenig für so hohen Lohn?
Glaubst du er wird sich glücklich fühlen Mädchen?

Melitta. Wer wär' es denn in deiner Nähe nicht!

Sappho.
Was kann ich Arme denn dem Teuern bieten?
In seiner Jugend Fülle steht er da
Geschmückt mit dieses Lebens schönsten Blüten.
Der erst erwachte Sinn, mit frohem Staunen
Die Zahl der eignen Kräfte überblickend,
Spannt kühn die Flügel aus, und nach dem Höchsten
Schießt gierig er den scharfen Adlerblick.
Was schön nur ist und groß und hoch und würdig
Sein ist's! Dem Kräftigen gehört die Welt!
Und ich! – O ihr des Himmels Götter alle!
O gebt mir wieder die entschwundne Zeit.
Löscht aus in dieser Brust vergangner Leiden,
Vergangner Freuden tiefgetretne Spur,
Was ich gefühlt, gesagt, getan, gelitten
Es sei nicht, selbst in der Erinnrung nicht.

Laßt mich zurückekehren in die Zeit,
Da ich noch scheu mit runden Kinderwangen,
Ein unbestimmt Gefühl im schweren Busen,
Die neue Welt mit neuem Sinn betrat,
Da Ahnung noch, kein quälendes Erkennen
In meiner Leier goldnen Saiten spielte,
Da noch ein Zauberland mir Liebe war,
Ein unbekanntes, fremdes Zauberland!
(Sich an Melittens Busen lehnend.)
M e l i t t a. Was fehlt dir? Bist du krank, Gebieterin?
S a p p h o. Da steh ich an dem Rand der weiten Kluft,
Die zwischen ihm und mir verschlingend gähnt;
Ich seh das goldne Land herüberwinken.
Mein Aug' erreicht es, aber nicht mein Fuß. –

Weh dem, den aus der Seinen stillem Kreise
Des Ruhms, der Ehrsucht eitler Schatten lockt.
Ein wildbewegtes Meer durchschiffet er
Auf leichtgefügtem Kahn. Da grünt kein Baum,
Da sprosset keine Saat und keine Blume,
Ringsum die graue Unermeßlichkeit.
Von ferne nur sieht er die heitre Küste
Und mit der Wogen Brandung dumpf vermengt,
Tönt ihm die Stimme seiner Lieben zu. –
Besinnt er endlich sich, und kehrt zurück,
Und sucht der Heimat leichtverlaßne Fluren,
Da ist kein Lenz mehr, ach, und keine Blume,
(Den Kranz abnehmend und wehmütig betrachtend.)
Nur dürre Blätter rauschen um ihn her!
M e l i t t a. Der schöne Kranz! Wie lohnt so hohe Zier
Von Tausenden gesucht und nicht errungen!
S a p p h o. Von Tausenden gesucht und nicht errungen!
Nicht wahr Melitta? Nicht wahr liebes Mädchen?
Von Tausenden gesucht und *nicht* errungen!
(Den Kranz wieder aufsetzend.)
Es schmähe nicht den Ruhm, wer ihn besitzt,
Er ist kein leer-bedeutungsloser Schall,
Mit Götterkraft erfüllet sein Berühren!
Wohl mir, ich bin so arm nicht. Seinem Reichtum
Kann gleichen Reichtum ich entgegensetzen,

Der Gegenwart mir dargebotnem Kranz
Die Blüten der Vergangenheit und Zukunft!
Du staunst, Melitta, und verstehst mich nicht.
Wohl dir! O lerne nimmer mich verstehen!

Melitta.
Zürnst du?

Sappho. Nicht doch, nicht doch, mein liebes Kind!
Geh zu den andern jetzt, und sag mir's an,
Wenn dein Gebieter wünscht, mich zu empfangen.
(Melitta ab.)

SECHSTER AUFTRITT

Sappho *(allein. Sie legt in Gedanken versunken die Stirn in die Hand, dann setzt sie sich auf die Rasenbank und nimmt die Leier in den Arm, das Folgende mit einzelnen Akkorden begleitend).*

Golden thronende Aphrodite,
Listenersinnende Tochter des Zeus,
Nicht mit Angst und Sorgen belaste,
Hocherhabne dies pochende Herz!

Sondern komm, wenn jemals dir lieblich
Meiner Leier Saiten getönt,
Deren Klängen du öfters lauschtest,
Verlassend des Vaters goldenes Haus.

Du bespanntest den schimmernden Wagen,
Und deiner Sperlinge fröhliches Paar,
Munter schwingend die schwärzlichen Flügel,
Trug dich vom Himmel zur Erde herab.

Und du kamst; mit lieblichem Lächeln,
Göttliche! auf der unsterblichen Stirn,
Fragtest du, was die Klagende quäle?
Warum erschalle der Flehenden Ruf?

Was das schwärmende Herz begehre?
Wen sich sehne die klopfende Brust

Sanft zu bestricken im Netz der Liebe?
Wer ist's Sappho, der dich verletzt?

Flieht er dich jetzt, bald wird er dir folgen,
Verschmäht er Geschenke, er gibt sie noch selbst,
Liebt er dich nicht, gar bald wird er lieben
Folgsam gehorchend jeglichem Wink.

Komm auch jetzt und löse den Kummer,
Der mir lastend den Busen beengt,
Hilf mir erringen nach was ich ringe,
Sei mir Gefährtin im lieblichen Streit.
(Sie lehnt matt das Haupt zurück.)
Der Vorhang fällt.

ZWEITER AUFZUG

Freie Gegend wie im vorigen Aufzuge.

ERSTER AUFTRITT

Phaon *(kommt).*
Wohl mir, hier ist es still. Des Gastmahls Jubel,
Der Zimbelspieler Lärm, der Flöten Töne,
Der losgelaßnen Freude lautes Regen,
Es tönt nicht bis hier unter diese Bäume,
Die leise flüsternd, wie besorgt zu stören,
Zu einsamer Betrachtung freundlich laden.

Wie hat sich alles denn in mir verändert,
Seit ich der Eltern stilles Haus verließ
Und meine Renner gen Olympia lenkte?
Sonst konnt' ich wohl in heiterer Besinnung
Verworrener Empfindung leise Fäden
Mit scharfem Aug' verfolgen und entwirren
Bis klar es als Erkennen vor mir lag.
Doch jetzt, wie eine schwüle Sommernacht
Liegt brütend, süß und peinigend zugleich
Ein schwerer Nebel über meinen Sinnen,
Den der Gedanken fernes Wetterleuchten,
Jetzt hier, jetzt dort, und jetzt schon nicht mehr da,
In quälender Verwirrung rasch durchzuckt.
Ein Schleier deckt mir die Vergangenheit,
Kaum kann ich heut des Gestern mich erinnern,
Kaum in der jetz'gen Stund' der erst geschiednen.
Ich frage mich: warst du's denn wirklich selber,
Der in Olympia stand an ihrer Seite,
An ihrer Seite in des Siegs Triumph?
War es *dein* Name, den des Volkes Jubel
Vermischt mit ihrem in die Lüfte rief?
Ja sagt mir alles und doch glaub ich's kaum.
Was für ein ärmlich Wesen ist der Mensch,

Wenn, was als Hoffnung seine Sinne weckte,
Ihm als Erfüllung sie in Schlaf versenkt.
Als ich sie noch nicht sah und kannte, nur
Die Phantasie ihr schlechtgetroffnes Bild
In graue Nebel noch verfließend malte,
Da schien mir's leicht für einen Blick von ihr,
Ein güt'ges Wort, das Leben hinzuwerfen;
Und jetzt da sie nun mein ist, mir gehört,
Da meiner Wünsche winterliche Raupen
Als goldne Schmetterlinge mich umspielen,
Jetzt frag ich noch und steh und sinn und zaudre!

Weh ich vergesse hier mich selber noch
Und sie und Eltern und –
O meine Eltern!
Muß ich erst jetzt, jetzt eurer mich erinnern!
Konnt' ich so lang euch ohne Botschaft lassen?
Vielleicht beweint ihr meinen Tod, vielleicht
Gab des Gerüchtes Mund euch schon die Kunde,
Daß euer Sohn, den ihr zu lieben nicht,
Den ihr zum Kampfe nach Olympia sandtet,
In Sapphos Arm –
Wer wagt es sie zu schmähn!
Der Frauen Zier, die Krone des Geschlechts!
Mag auch des Neides Geifer sie bespritzen,
Ich steh für sie, sei's gegen eine Welt!
Und selbst mein Vater, sieht er sie nur erst,
Gern legt er ab das alte Vorurteil,
Das frecher Zitherspielerinnen Anblick
Mit frommer Scheu ihm in die Brust geprägt.
(In Gedanken versinkend.)
Wer naht? – der laute Haufen dringt hierher.
Wie widerlich! – Schnell fort! – Wohin? – Ah hier!
(Geht in die Grotte.)

ZWEITER AUFTRITT

Eucharis. Melitta. Sklavinnen mit Blumen und Kränzen.

Eucharis *(lärmend).*
Ihr Mädchen auf! Mehr Blumen bringt herbei!
Zu ganzen Haufen Blumen. Schmückt das Haus
Und Hof und Halle, Säule Tür und Schwelle,
Ja selbst die Blumenbeete schmückt mit Blumen!
Tut Würze zum Gewürz; denn heute feiert
Das Fest der Liebe die Gebieterin.
Mädchen *(ihre Blumen vorweisend).*
Hier sieh!
(Sie fangen an die Säulen und Bäume umher mit Kränzen und Blumenketten zu behängen.)
Eucharis. Recht gut, recht gut! Doch du Melitta,
Wo hast du Mädchen deine Blumen?
Melitta *(ihre leeren Hände betrachtend).* Ich?
Eucharis. Ja du! – Ei seht mir doch die Träumerin!
Kommst du allein hierher mit leeren Händen?
Melitta. Ich will wohl holen –
Eucharis. Ich will holen, spricht sie
Und regt sich nicht vom Platz, und will und holt nichts.
Du kleine Heuchlerin bekenne nur
Was hast du denn? Was war das heut bei Tisch,
Daß die Gebieterin so oft nach dir
Mit leisem Lächeln schlau hinüberblickte
Und dann die Augen spottend niederschlug?
Sooft sie's tat sah ich dich heiß erröten,
Und mit dem Zittern peinlicher Verwirrung
Des oftversehnen Dienstes dich vergessen.
Und als sie nun dich ruft, den großen Becher
Dem schönen Fremden zu kredenzen und
Du scheu den Rand durch deine Lippen ziehst,
Da rief sie plötzlich aus: Die Augen nieder!
Und ach des großen Bechers halber Inhalt
Ergoß mit eins sich auf den blanken Estrich.
Da lachte Sappho selbst! Was war das alles?
Bekenne nur, da hilft kein Leugnen, Mädchen.
Melitta. O laßt mich!
Eucharis. Nichts da, ohne Gnade Kind!

Den Kopf empor, und alles frisch bekannt!
O weh, da quillt wohl gar ein kleines Tränchen! –
Du arges Ding! Ich sage ja nichts mehr!
Doch weine nicht! Wenn du's so öfters treibst,
So werd ich noch so böse – Weine nicht! –
Sind eure Blumen alle? Nun so kommt,
Wir wollen neue holen! – Setz dich hin,
Hier sind noch Rosen, hilf uns Kränze winden.
Sei fleißig Kind! Doch, hörst du? Weine nicht!
(Mit den Mädchen ab.)

DRITTER AUFTRITT

M e l i t t a *(allein. Sie setzt sich auf die Rasenbank und beginnt einen Kranz zu flechten. Nach einer Weile schüttelt sie schmerzlich das Haupt, und legt das Angefangene neben sich hin).*
Es geht nicht! – Weh, der Kopf will mir zerspringen
Und stürmisch pocht das Herz in meiner Brust!

Da muß ich sitzen einsam und verlassen,
Fern von der Eltern Herd im fremden Land,
Und Sklavenketten drücken diese Hände,
Die ich hinüberstrecke nach den Meinen.
Weh mir, da sitz ich einsam und verlassen,
Und niemand höret mich und achtet mein!

Mit Tränen seh ich Freunde und Verwandte
Den Busen drücken an verwandte Brust;
Mir schlägt kein Busen hier in diesem Lande,
Und meine Freunde wohnen weit von hier.
Ich sehe Kinder um den Vater hüpfen,
Die fromme Stirn, die heil'gen Locken küssen,
Mein Vater lebt getrennt durch ferne Meere,
Wo ihn nicht Gruß und Kuß des Kinds erreicht!
Sie tun wohl hier so, als ob sie mich liebten,
Und auch an sanften Worten fehlt es nicht,
Doch ist es Liebe nicht, 's ist nur Erbarmen,
Das auch der Sklavin milde Worte gönnt;

Der Mund, der erst von Schmeicheln überflossen,
Er füllt sich bald mit Hohn und bitterm Spott!

Sie dürfen lieben, hassen, was sie wollen,
Und was das Herz empfindet, spricht die Lippe aus,
Sie zieret Gold und Purpur und Geschmeide,
Nach ihnen wendet staunend sich der Blick;
Der Sklavin Platz ist an dem niedern Herde,
Da trifft kein Blick sie, ach und keine Frage,
Kein Auge, kein Gedanke und kein Wunsch! –

Ihr Götter, die ihr mich schon oft erhört,
Mit reicher Hand Erfüllung mir gesendet,
Wenn ich mit frommem Sinne zu euch flehte,
O leiht auch diesmal mir ein gnädig Ohr!
Führt gütig mich zurücke zu den Meinen,
Daß ich an des Vertrauens weiche Brust,
Die kummerheiße Stirne kühlend presse.
Führt zu den Meinen mich, ach, oder nehmt mich
Hinauf zu euch, zu euch! – zu euch!

VIERTER AUFTRITT

Phaon. Melitta.

Phaon *(der während des vorigen Selbstgespräches am Eingange der Grotte erschienen ist, sich aber lauschend zurückgezogen hat, tritt jetzt vor und legt Melitten von hinten die Hand auf die Schulter).*
So jung noch und so traurig, Mädchen?
Melitta *(zusammenschreckend).* Ah!
Phaon. Ich hörte dich erst zu den Göttern rufen
Um eines Freundes Brust. Hier ist ein Freund!
Es bindet gleicher Schmerz, wie gleiches Blut,
Und Trauernde sind üb'rall sich verwandt.
Auch ich vermisse ungern teure Eltern,
Auch mich zieht's mächtig nach der Heimat zu;
Komm laß uns tauschen, daß des einen Kummer
Zum Balsam werde für des andern Brust.
Du schweigst – Woher dies Mißtraun gutes Mädchen?

Blick auf zu mir! Nicht schlimm bin ich gesinnt.
(Er hebt ihr das Haupt am Kinne empor.)
Ei sieh! Du bist wohl gar der kleine Mundschenk,
Der statt des Gasts den blanken Estrich tränkte.
Darum so bang? Nicht doch! Es hat der Unfall
So mich als die Gebieterin belustigt.

Melitta *(die bei dem letzten Worte etwas zusammengefahren, schlägt nun die Augen empor und blickt ihn an, dann steht sie auf und will gehen).*

Phaon. Nicht wollt' ich dich beleidigen, mein Kind.
Hat dieses sanfte Aug' so ernste Blicke?
Du mußt mir Rede stehn, ich lass dich nicht!
Schon unterm Mahle hab ich dich bemerkt,
Die jungfräuliche Stille glänzte lieblich
Durch all den wilden Taumel des Gelags.
Wer bist du, und was hält dich hier zurück.
Du warst nicht mit zu Tisch, ich sah dich dienen,
Es schien der Sklavinnen Vertraulichkeit
Gefährtin dich zu nennen und –

Melitta. Ich bin's.
(Wendet sich ab und will gehen.)

Phaon *(sie zurückhaltend).*
Nicht doch!

Melitta. Was willst du von der Sklavin, Herr?
Laß einer Sklavin Brust sie suchen und –
(Tränen ersticken ihre Stimme.)
Nehmt mich hinauf zu euch, zu euch, ihr Götter!

Phaon *(sie anfassend).*
Du bist bewegt, du zitterst, fasse dich!
Es binden Sklavenfesseln nur die *Hände*,
Der Sinn, er macht den Freien und den Knecht.
Sei ruhig, Sappho ist ja gut und milde,
Ein Wort von mir, und ohne Lösegeld
Gibt sie den Deinen dich, dem Vater wieder.

Melitta *(schüttelt schweigend das Haupt).*

Phaon. Glaub mir, sie wird's gewiß! Wie, oder ist
Die heiße Sehnsucht nach dem Vaterlande,
Die erst dich so ergriff, so schnell verschwunden?

Melitta. Ach sag mir erst, *wo* ist mein Vaterland?

Phaon. Du kennst es nicht?

M e l i t t a. In zarter Kindheit schon
Ward ich entrissen seiner treuen Hut,
Nur seine Blumen, seine Täler hat
Behalten das Gedächtnis, nicht den Namen.
Nur, glaub ich, lag es wo die Sonne herkömmt,
Denn dort war alles gar so licht und hell.
P h a o n. So ist es weit von hier?
M e l i t t a. O weit, sehr weit!
Von andern Bäumen war ich dort umgeben
Und andre Blumen dufteten umher,
In blauern Lüften glänzten schönre Sterne
Und freundlich-gute Menschen wohnten dort.
In vieler Kinder Mitte lebt' ich da,
Ach, und ein Greis, mit weißen Silberlocken,
Ich nannte Vater ihn, liebkoste mir,
Dann noch ein andrer Mann, so schön und hold
Mit braunem Haar und Aug', fast so wie – du –
P h a o n. Du schweigst? Der Mann?
M e l i t t a. Er auch –
P h a o n. Liebkoste dir,
Nicht so? *(Sie bei der Hand ergreifend.)*
M e l i t t a *(leise).* Ich war ein Kind!
P h a o n. Ich weiß es wohl!
Ein süßes, liebes, unbefangnes Kind!
(Ihre Hand loslassend.)
Nur weiter!
M e l i t t a. So ging alles schön und gut.
Doch einst erwacht' ich nachts. Ein wild Geschrei
Drang laut von allen Seiten in mein Ohr.
Die Wärtrin naht, man rafft mich auf
Und trägt mich in die wilde Nacht hinaus.
Da sah ich ringsherum die Hütten flammen
Und Männer fechten, Männer fliehn und fallen.
Jetzt naht ein Wütrich, streckt die Hand nach mir,
Nun war Geheul, Gejammer, Schlachtgeschrei;
Ich fand mich erst auf einem Schiffe wieder,
Das pfeilschnell durch die dunkeln Wogen glitt.
Noch andre Mädchen, Kinder sah ich weinen,
Doch immer kleiner ward der Armen Zahl
Je weiter wir uns von der Heimat trennten,

Gar viele Tag' und Nächte fuhren wir,
Ja Monden wohl, zuletzt war ich allein
Von all den Armen bei den wilden Männern.
Da endlich trat uns Lesbos' Strand entgegen,
Man schifft mich aus ans Land. Da sah mich Sappho,
Da bot sie Geld, und ihre ward Melitta.

Phaon.
War denn dein Los so schwer in Sapphos Händen?

Melitta. O nein. Sie nahm mich gütig, freundlich auf;
Sie trocknete die Tränen mir vom Aug'
Und pflegte mein und lehrte mich voll Liebe,
Denn wenn auch heftig manchmal, rasch und bitter,
Doch gut ist Sappho, wahrlich lieb und gut.

Phaon. Und doch kannst du die Heimat nicht vergessen.

Melitta. Ach, ich vergaß sie leider nur zu bald,
In Tanz und Spiel und bei des Hauses Pflichten
Dacht' ich gar selten der verlaßnen Lieben.
Nur manchmal wenn mich Schmerz und Kummer drückt,
Dann schleicht die Sehnsucht mir ins bange Herz
Und die Erinnerung mit schmerzlich süßer Hand
Enthüllt die goldumflorte, lichte Ferne.
Und so auch heut! Mir war so schwer und ängstlich,
Ein jedes leisgesprochne Wort fiel schmerzend
Hernieder wie auf fleischentblößte Fibern,
Da – Doch jetzt ist es gut und ich bin froh.

Man ruft drinnen.
Melitta!

Phaon. Horch, man ruft!

Melitta. Man ruft? – Ich gehe.
(Sie liest den angefangenen Kranz und die Blumen auf.)

Phaon. Was hast du hier?

Melitta. Ei Blumen!

Phaon. Und für wen?

Melitta. Für dich! – Für dich und Sappho.

Phaon. Bleib!

Melitta. Man ruft!

Phaon. Du sollst so finstern Blicks nicht von mir gehn!
Zeig deine Blumen!

Melitta. Hier!

Phaon *(eine Rose herausnehmend).* Nimm diese Rose!

(Er steckt sie ihr an den Busen.)
Sie sei Erinnrung dir an diese Stunde,
Erinnerung, daß nicht bloß in der Heimat
Daß auch in fernem Land es – Freunde gibt.
(Melitta, die bei seiner Berührung zusammengefahren, steht jetzt mit hoch klopfender Brust, beide Arme hinabhängend, mit gesenktem Haupt und Aug' unbeweglich da. Phaon hat sich einige Schritte entfernt und betrachtet sie von weitem.)
Man ruft von innen.
Melitta!
Melitta. Riefst du mir?
Phaon. Ich nicht! – Im Hause!
Melitta *(die Kränze, die ihr entfallen sind, zusammenraffend)*. Ich komme schon!
Phaon. Bist du so karg, Melitta?
Verdient denn meine Gabe kein Geschenk?
Melitta. Ich, ein Geschenk? Was hätt' ich Arme wohl?
Phaon. Gold schenkt die Eitelkeit, der rauhe Stolz,
Die Freundschaft und die Liebe schenken Blumen.
Hier hast du Blumen ja –
Melitta *(die Blumen von sich werfend)*.
Wie? diese hier,
Die jene wilden Mädchen dort gepflückt,
Sie die bestimmt für – Nimmermehr!
Phaon. Was sonst?
Melitta. Daß sie doch diese Sträuche so geplündert!
Da ist auch nirgends einer Blume Spur,
(Am Rosenstrauche emporblickend.)
An jenem Zweige hängt wohl eine Rose,
Doch ist sie allzu hoch, ich reiche nicht!
Phaon. Ich will dir helfen!
Melitta. Ei, nicht doch!
Phaon. Warum?
So leicht geb ich nicht meinen Anspruch auf!
Melitta *(auf die Rasenbank steigend)*.
So komm; ich beuge dir den Zweig!
Phaon. Ganz recht!
Melitta *(auf den Zehen emporgehoben, den Zweig, an dessen äußerstem Ende die Rose hängt, herabbeugend)*.
Reichst du?

Phaon *(der, ohne auf die Rose zu achten, nur Melitten betrachtet hat).* Noch nicht!

Melitta. Doch jetzt! – Weh mir, ich gleite!
Ich falle!

Phaon. Nein, ich halte dich!

(Der Zweig ist ihren Händen emporschnellend entschlüpft, sie taumelt und sinkt in Phaons Arme, die er ihr geöffnet entgegenhält.)

Melitta. O laß mich!

Phaon *(sie an sich haltend).*
Melitta!

Melitta. Weh mir, laß mich! Ach!

Phaon. Melitta!

(Er drückt rasch einen Kuß auf ihre Lippen.)

FÜNFTER AUFTRITT

Sappho, einfach gekleidet, ohne Kranz und Leier. Vorige.

Sappho *(eintretend).*
Du läßt dich suchen, Freund! – Doch ha, was seh ich?

Melitta.
Horch, die Gebieterin?

Phaon. Wie, Sappho hier? *(Er läßt sie los.)*

(Pause.)

Sappho. Melitta!

Melitta. Hohe Frau!

Sappho. Was suchst du hier?

Melitta. Ich suchte Blumen.

Sappho. Und nicht ohne Glück!

Melitta. Die Rose hier –

Sappho. Sie brennt auf deinen Lippen.

Melitta. Sie hängt so hoch.

Sappho. Vielleicht nicht hoch genug!
Geh!

Melitta. Soll ich etwa? –

Sappho. Geh nur immer, geh!

(Melitta ab.)

SECHSTER AUFTRITT

Sappho. Phaon.

Sappho *(nach einer Pause).*
Phaon!
Phaon. Sappho!
Sappho. Du standst so früh
Von unserm Mahle auf. Du wardst vermißt!
Phaon. Den Becher lieb ich nicht, noch laute Freuden!
Sappho. Nicht *laute.* Das scheint fast ein Vorwurf.
Phaon. Wie?
Sappho. Ich habe wohl gefehlt, daß ich die Feier
Der Ankunft laut und rauschend angestellt! –
Phaon. So war es nicht gemeint!
Sappho. Das volle Herz
Es *sucht* oft lauter Freude vollen Jubel,
Um in der allgemeinen Lust Gewühl
Recht unbemerkt, recht stille sich zu freun.
Phaon. Ja, so!
Sappho. Auch mußt' ich unsern guten Nachbarn
Für ihre Liebe wohl mich dankbar zeigen,
Das freut sich nur bei Wein! Du weißt es wohl!
In Zukunft stört kein lästig Fest uns wieder
Die Stille, die du mehr nicht liebst, als ich!
Phaon. Ich danke dir.
Sappho. Du gehst?
Phaon. Willst du? Ich bleibe!
Sappho. Zu gehn oder zu bleiben bist du Herr!
Phaon. Du zürnest!
Sappho *(bewegt).* Phaon!
Phaon. Willst du etwas?
Sappho. Nichts. –
Doch eins! *(Mit Überwindung.)*
Ich sah dich mit Melitten scherzen –
Phaon. Melitta? Wer? Ei ja ganz recht! Nur weiter!
Sappho. Es ist ein liebes Kind!
Phaon. So scheint's, o ja!
Sappho. Die Liebste mir von meinen Dienerinnen,
Von meinen *Kindern* möcht ich sagen, denn
Ich habe stets als Kinder sie geliebt.

Wenn ich die Sklavenbande nicht zerreiße,
So ist es nur, da die Natur uns süßre
Versagt, um jene Eltern- Heimatlosen
Nicht vor der Zeit dem Aug' der Lehrerin,
Der Mutter zarter Sorgfalt zu entziehn.
So war ich's stets gewohnt, und in dem Kreise
Von Mytilenes besten Bürgerinnen
Ist manche die in freudiger Erinnrung
Sich Sapphos Werk aus frühern Tagen nennt.

Phaon. Recht schön, recht schön!

Sappho. Von all den Mädchen
Die je ein spielend Glück mir zugeführt,
War keine teurer mir als sie, Melitta,
Das liebe Mädchen mit dem stillen Sinn.
Obschon nicht hohen Geists, von mäß'gen Gaben
Und unbehilflich für der Künste Übung,
War sie mir doch vor andern lieb und wert
Durch anspruchsloses, fromm-bescheidnes Wesen,
Durch jene liebevolle Innigkeit,
Die langsam, gleich dem stillen Gartenwürmchen,
Das Haus ist und Bewohnerin zugleich,
Stets fertig bei dem leisesten Geräusche
Erschreckt sich in sich selbst zurückzuziehn,
Und um sich fühlend mit den weichen Fäden
Nur zaudernd waget Fremdes zu berühren,
Doch fest sich saugt, wenn es einmal ergriffen,
Und sterbend das Ergriffne nur verläßt.

Phaon.
Recht schön, fürwahr, recht schön!

Sappho. Ich wünschte nicht,
Verzeih mein teurer Freund! ich wünschte nicht,
Daß je ein unbedachtsam flücht'ger Scherz
In dieses Mädchens Busen Wünsche weckte
Die unerfüllt mit bitterm Stachel martern,
Ersparen möcht ich gern ihr die Erfahrung,
Wie ungestillte Sehnsucht sich verzehret,
Und wie verschmähte Liebe nagend quält.
Mein Freund! –

Phaon. Wie sagtest du?

Sappho. Du hörst mich nicht!

Phaon. Ich höre: Liebe quält!
Sappho. Wohl quält sie!
Mein Freund, du bist jetzt nicht gestimmt, wir wollen
Ein andermal noch diesen Punkt besprechen!
Phaon. Ganz recht, ein andermal!
Sappho. Für jetzt, leb wohl!
Ich pflege diese Stunde sonst den Musen
In jener stillen Grotte dort zu weihn.
Hoff ich gleich nicht die Musen heut zu finden,
So ist doch mind'stens Stille mir gewiß
Und ich bedarf sie. Leb indessen wohl!
Phaon. So gehst du also?
Sappho. Wünschest du –
Phaon. Leb wohl!
Sappho *(sich rasch umwendend).*
Leb wohl! *(Ab in die Höhle.)*

SIEBENTER AUFTRITT

Phaon *(allein, nachdem er eine Weile starr vor sich hingesehen).* Und hast du wirklich? – *(Sich umsehend.)*
Sie ist fort! –
Ich bin verwirrt, mein Kopf ist wüst und schwer!
(Auf die Rasenbank blickend.)
Hier saß sie, hier, das heiter blühnde Kind, *(Setzt sich.)*
Hierher will ich mein Haupt zur Ruhe legen!
(Legt ermattet den Kopf in die Hand.)
Der Vorhang fällt.

DRITTER AUFZUG

Gegend wie in den vorigen Aufzügen. Phaon liegt schlummernd auf der Rasenbank.

ERSTER AUFTRITT

S a p p h o *(kömmt aus der Grotte).*
Es ist umsonst! Weit schwärmen die Gedanken
Und kehren ohne Ladung mir zurück!
Was ich auch tue, was ich auch beginne,
Doch steht mir jenes tiefverhaßte Bild,
Dem ich entfliehen möchte, wär' es auch
Weit über dieser Erde dunkle Grenzen,
Mit frischen Farben vor der heißen Stirn!
Wie er sie hielt! Wie sie sein Arm umschlang!
Und nun, dem Drange weichend hingegeben
Auf seinen Mund sie – fort! ich will's nicht denken!
Schon der Gedanke tötet tausendfach! –

Doch bin ich denn nicht töricht mich zu quälen
Und zu beklagen was wohl gar nicht ist.
Wer weiß welch leichtverwischter, flücht'ger Eindruck,
Welch launenvolles Nichts ihn an sie zog,
Das, schnell entschwunden so wie schnell geboren,
Der Vorwurf wie der Vorsatz nicht erreicht?
Wer heißt den Maßstab denn für *sein* Gefühl
In *dieser* tiefbewegten Brust mich suchen?

Nach Frauenglut mißt Männerliebe nicht
Wer Liebe kennt und Leben, Mann und Frau!
Gar wechselnd ist des Mannes rascher Sinn,
Dem Leben untertan, dem wechselnden.
Frei tritt er in des Daseins offne Bahn,
Vom Morgenrot der Hoffnung rings umflossen,
Mit Mut und Stärke wie mit Schild und Schwert

Zum ruhmbekränzten Kampfe ausgerüstet.
Zu eng dünkt ihm des Innern stille Welt,
Nach außen geht sein rastlos wildes Streben,
Und findet er die Lieb', bückt er sich wohl,
Das holde Blümchen von dem Grund zu lesen,
Besieht es, freut sich sein und steckt's dann kalt
Zu andern Siegeszeichen auf den Helm.
Er kennet nicht die stille, mächt'ge Glut
Die Liebe weckt in eines Weibes Busen!
Wie all ihr Sein, ihr Denken und Begehren,
Um diesen einz'gen Punkt sich einzig dreht,
Wie alle Wünsche, jungen Vögeln gleich,
Die angstvoll ihrer Mutter Nest umflattern,
Die Liebe, ihre Wiege und ihr Grab
Mit furchtsamer Beklemmung schüchtern hüten;
Das ganze Leben als ein Edelstein
Am Halse hängt der neugebornen Liebe!
Er liebt, allein in seinem weiten Busen
Ist noch für andres Raum als bloß für Liebe!
Und manches was dem Weibe Frevel dünkt
Erlaubt er sich als Scherz und freie Lust.
Ein Kuß, wo er ihm immer auch begegnet,
Stets glaubt er sich berechtigt ihn zu nehmen.
Wohl schlimm, daß es so ist, doch ist es so!
(Sich umwendend und Phaon erblickend.)
Ha sieh dort in des Rosenbusches Schatten –
Er ist es, ja, der liebliche Verräter!
Er schläft, und Ruh' und stille Heiterkeit
Hat weich auf seine Stirne sich gelagert.
So atmet nur der Unschuld frommer Schlummer,
So hebt sich nur die unbeladne Brust.
Ja Teurer, deinem Schlummer will ich glauben,
Was auch dein Wachen Schlimmes mir erzählt.
Verzeihe wenn im ersten Augenblicke,
Geliebter mit Verdacht ich dich gekränkt,
Wenn ich geglaubt, es könne niedre Falschheit,
Den Eingang finden in so reinen Tempel!
Er lächelt, – seine Lippen öffnen sich –
Ein *Name* scheint in ihrem Hauch zu schweben.

Wach auf, und nenne wachend deine Sappho,
Die dich umschlingt. Wach auf!
(Sie küßt ihn auf die Stirne.)

Phaon *(erwacht, öffnet die Arme und spricht mit halbgeschloßnen Augen).* Melitta!

Sappho *(zurückstürzend).* Ha!

Phaon.
Ah! Wer hat mich geweckt? Wer scheuchte neidisch
Des süßen Traumes Bilder von der Stirn?
Du Sappho? Sei gegrüßt! Ich wußt' es wohl
Daß Holdes mir zur Seite stand, darum
War auch so hold des Traumes Angesicht!
Du bist so trüb! Was fehlt dir? Ich bin froh!
Was mir den Busen ängstigend belastet
Fast wunderähnlich ist's von mir gesunken,
Ich atme wieder unbeklemmt und frei.
Und gleich dem Armen, den ein jäher Sturz
Ins dunkle Reich der See hinabgeschleudert
Wo Grausen herrscht und ängstlich dumpfes Bangen,
Wenn ihn empor nun hebt der Wellen Arm
Und jetzt das heitre, goldne Sonnenlicht,
Der Kuß der Luft, des Klanges freud'ge Stimme
Mit einem Mal um seine Sinne spielen:
So steh ich freudetrunken, glücklich, selig,
Und wünsche mir erliegend all der Wonne
Mehr Sinne oder weniger Genuß!

Sappho *(vor sich hin).*
Melitta!

Phaon. Fröhlich, Liebe, sei und heiter!
Es ist so schön hier, o so himmlisch schön.
Mit weichen Flügeln senkt der Sommerabend
Sich hold ermattet auf die stille Flur,
Die See steigt liebedürstend auf und nieder,
Den Herrn des Tages bräutlich zu empfangen,
Der schon dem Westen zu die Rosse lenkt,
Ein leiser Hauch spielt in den schlanken Pappeln,
Die kosend mit den jungfräulichen Säulen
Der Liebe leisen Gruß herüberlispeln!
Zu sagen scheinen: Seht wir lieben! Ahmt uns nach!

Sappho *(für sich).*
Fast will's von neuem mir die Brust beschleichen,
Doch nein! zu tief hab ich sein Herz erkannt!
Phaon. Der Fiebertaumel ist mit eins verschwunden,
Der mich ergriffen seit so langer Zeit.
Und glaube mir, ich war dir nie so gut,
So wahrhaft, Sappho, gut, als eben jetzt.
Komm laß uns froh sein, Sappho, froh und heiter! –
Doch sprich, was hältst du wohl von Träumen Sappho?
Sappho. Sie lügen, und ich hasse Lügner!
Phaon. Sieh
Da hatt' ich eben als ich vorhin schlief
Gar einen seltsam wunderlichen Traum.
Ich fand mich nach Olympia versetzt,
Gerade so wie damals, als ich dich
Zuerst beim frohen Kampfspiel dort gesehn.
Ich stand im Kreis des fröhlich lauten Volks,
Um mich der Wagen und des Kampfs Getöse.
Da klingt ein Saitenspiel und alles schweigt.
Du warst's, du sangst der goldnen Liebe Freuden
Und tief im Innersten ward ich bewegt.
Ich stürze auf dich zu, da – denke doch!
Da kenn ich dich mit einem Mal nicht mehr.
Noch stand sie da die vorige Gestalt,
Der Purpur floß um ihre runden Schultern,
Die Leier klang noch in der weißen Hand;
Allein das Antlitz wechselt schnell verfließend
Wie Nebel, die die blauen Höhn umziehn.
Der Lorbeerkranz, er war mit eins verschwunden,
Der Ernst verschwunden von der hohen Stirn,
Die Lippen, die erst Götterlieder tönten,
Sie lächelten mit irdisch-holdem Lächeln,
Das Antlitz, einer Pallas abgestohlen,
Verkehrt sich in ein Kindesangesicht
Und kurz, du bist's und bist es nicht, es scheint
Mir Sappho bald zu sein und bald –
Sappho *(schreiend).* Melitta!
Phaon. Fast hast du mich erschreckt! Wer sagte dir
Daß sie es war? Ich wußt' es selber kaum! – –
Du bist bewegt und ich –

Sappho *(winkt ihm mit der Hand Entfernung zu).*
Phaon. Wie? gehen soll ich?
Nur eines laß mich Sappho dir noch sagen –
Sappho *(winkt noch einmal).*
Phaon. Du willst nicht hören, ich soll gehn? Ich gehe! *(Ab.)*

ZWEITER AUFTRITT

Sappho *(allein, nach einer Pause).*
Der Bogen klang,
(Die Hände über der Brust zusammenschlagend.)
es sitzt der Pfeil! –
Wer zweifelt länger noch? Klar ist es, klar!
Sie lebt in seinem schwurvergeßnen Herzen,
Sie schwebt vor seiner schamentblößten Stirn,
In *ihre* Hülle kleiden sich die Träume,
Die schmeichelnd sich des Falschen Lager nahn.
Sappho verschmäht um ihrer Sklavin willen!
Verschmähet? wer? Beim Himmel und von wem?
Bin ich dieselbe Sappho denn nicht mehr,
Die Könige zu ihren Füßen sah,
Und spielend mit der dargebotnen Krone,
Die Stolzen sah und hörte und entließ!
Dieselbe Sappho, die ganz Griechenland
Mit lautem Jubel als sein Kleinod grüßte?
O Törin! Warum stieg ich von den Höhn,
Die Lorbeer krönt, wo Aganippe rauscht,
Mit Sternenklang sich Musenchöre gatten,
Hernieder in das engbegrenzte Tal
Wo Armut herrscht und Treubruch und Verbrechen?
Dort oben war mein Platz, dort an den Wolken,
Hier ist kein Ort für mich, als nur das Grab.
Wen Götter sich zum Eigentum erlesen,
Geselle sich zu Erdenbürgern nicht,
Der Menschen und der Überird'schen Los
Es mischt sich nimmer in demselben Becher,
Von beiden Welten *eine* mußt du wählen,
Hast du gewählt, dann ist kein Rücktritt mehr!
Ein Biß nur in des Ruhmes goldne Frucht,

Proserpinens Granatenkernen gleich,
Reiht dich auf ewig zu den stillen Schatten
Und den Lebendigen gehörst du nimmer an.
Mag auch das Leben noch so lieblich blinken,
Mit holden Schmeichellauten zu dir tönen,
Als Freundschaft und als Liebe an dich locken:
Halt ein Unsel'ger! Rosen willst du brechen
Und drückst dafür dir Dornen in die Brust! –

Ich will sie sehn die wundervolle Schönheit,
Die solchen Siegs sich über Sappho freut!
Was soll ich glauben? Lügt denn mein Gedächtnis,
Das, wenn ich's frage, mir ein albern Kind
Mit blöden Mienen vor die Sinne bringt.
Mit Augen, die den Boden ewig suchen,
Mit Lippen, die von Kinderpossen tönen,
Und leer der Busen, dessen arme Wellen
Nur Lust zu spielen noch und Furcht vor Strafe
Aus ihrer dumpfen Ruhe manchmal weckt.
Wie? oder meinem Aug entging wohl jener Reiz
Der ihn so mächtig zieht in ihre Nähe? –
Melitta! – Ja, ich will sie sehn! – Melitta! –

DRITTER AUFTRITT

Eucharis. Sappho.

Eucharis. Befiehlst du hohe Frau?
Sappho. Melitten rief ich.
Wo ist sie?
Eucharis. Wo? auf ihrer Kammer, denk ich.
Sappho. Sucht sie die Einsamkeit! – Was macht sie dort?
Eucharis. Ich weiß nicht. Aber seltsam ist ihr Wesen,
Und fremd ihr Treiben schon den ganzen Tag.
Des Morgens war sie still und stets in Tränen,
Doch kurz nur erst traf ich sie heitern Blicks,
Mit Linnen ganz beladen und mit Tüchern,
Wie sie hinabging zu dem klaren Bache,
Der kühl das Myrtenwäldchen dort durchströmt!
Sappho. Sie freut sich ihres Siegs! Nur weiter, weiter!

Eucharis. Neugierig zu erfahren was sie suche,
Schlich leis ich ihr ins stille Wäldchen nach.
Da fand ich sie –
Sappho. Mit ihm?
Eucharis. Mit wem?
Sappho. Nur weiter!
Eucharis. Ich fand sie dort im klaren Wasser stehn.
Die Kleider lagen ringsumher am Ufer
Und hoch geschürzt – sie dachte keines Lauschers –
Wusch, mit den kleinen Händen Wasser schöpfend,
Sie sorgsam reibend Arme und Gesicht,
Die von dem Schein der Sonne durch die Blätter,
Von ihrem Eifer und der rauhen Weise,
Mit der die Kleine eilig rasch verfuhr,
In hellem Purpur feurig glühten.
Wie sie da stand, für eine ihrer Nymphen,
Der jüngsten eine, hätte sie Diana –
Sappho. Erzählung wollt' ich hören, und nicht Lob!
Eucharis. Als nun des Bades langes Werk vollbracht,
Getrocknet Angesicht und Brust und Wange,
Ging fröhlich singend sie ins Haus zurück,
Also vertieft und so in sich verloren,
Daß sie der Blätter, die ich aus dem Dickicht
Nach ihr warf, sie zu schrecken, nicht gewahrte.
Hier angelangt trat sie in ihre Kammer,
Schloß ab, und was sie schafft das weiß ich nicht.
Nur hört' ich sie in Schränken emsig suchen,
Dazwischen tönte heiterer Gesang!
Sappho. Sie *singt* und Sappho – nein, ich weine nicht!
Bring sie zu mir!
Eucharis. Melitten?
Sappho. Ja, wen sonst? –
Melitten! – Ach ein süßer, weicher Name,
Ein ohrbezaubernd liebevoller Name!
Melitta – Sappho! – – Geh bring sie zu mir!
(Eucharis ab.)

VIERTER AUFTRITT

Sappho *(allein. Sie setzt sich auf die Rasenbank und stützt das Haupt in die Hand. Pause).*
Ich kann nicht! Weh! – Umsonst ruf ich den Stolz,
An seiner Statt antwortet mir die Liebe.
(Sinkt in die vorige Stellung zurück.)

FÜNFTER AUFTRITT

Melitta. Sappho.

Melitta *(kommt, einfach aber mit Sorgfalt gekleidet, Rosen am Busen und in den Haaren. Sie bleibt am Eingange stehen, tritt aber, da Sappho sich nicht regt, näher hinzu).* Hier bin ich.
Sappho *(sich schnell umkehrend und zurückfahrend).*
Ah! – – Beim Himmel sie ist schön!
(Wirft das Gesicht in beide Hände verhüllt auf die Rasenbank. Pause.)
Melitta. Du riefst nach mir!
Sappho. Wie hat sie sich geschmückt,
Die Falsche! ihrem Buhlen zu gefallen! –
Mit Müh' gebiet ich meinem innern Zorn! –
Welch Fest hat heut so festlich dich geschmückt?
Melitta. Ein Fest?
Sappho. Wozu dann dieser Putz? die Blumen?
Melitta.
Du hast wohl oft geschmält, daß ich die Kleider,
Mit denen du so reichlich mich beschenkst,
So selten trage, stets auf andre Zeit,
Auf frohe Tage geizig sie versparend.
Das fiel mir heute ein, und weil nun eben
Gerade heute so ein froher Tag,
So ging ich hin und schmückte mich ein wenig!
Sappho. Ein froher Tag? Nicht weiß ich es, warum?
Melitta. Warum? – Ei nu, daß du zurückgekehrt,
Daß du – ich weiß nicht recht, doch fröhlich bin ich.
Sappho. Ha Falsche!
Melitta. Was sagst du?

Sappho *(sich fassend).* Melitta komm,
Wir wollen ruhig miteinander sprechen. –
Wie alt bist du?
Melitta. Du weißt wohl selbst, o Sappho,
Welch trauriges Geschick der Kindheit Jahre
Mir unterbrach. Es hat sie keine Mutter
Mit sorglicher Genauigkeit gezählt,
Doch glaub ich, es sind sechzehn!
Sappho. Nein, du lügst!
Melitta. Ich?
Sappho. Sprichst nicht Wahrheit!
Melitta. Immer, hohe Frau!
Sappho. Du zählst kaum fünfzehn!
Melitta. Leicht mag es so sein!
Sappho. So jung an Jahren und sie sollte schon
So reif sein im Betrug? Es kann nicht sein,
So sehr nicht widerspricht sich die Natur!
Unmöglich, nein! ich glaub es nicht! – Melitta,
Erinnerst du dich noch des Tages, da
Vor dreizehn Jahren man dich zu mir brachte?
Es hatten wilde Männer dich geraubt.
Du weintest, jammertest in lauten Klagen,
Mich dauerte der heimatlosen Kleinen,
Ihr Flehen rührte mich, ich bot den Preis
Und schloß dich, selber noch ein kindlich Wesen,
Mit heißer Liebe an die junge Brust.
Man will dich trennen, doch du wichest nicht,
Umfaßtest mit den Händen meinen Nacken,
Bis sie der Schlaf, der tröstungsreiche, löste.
Erinnerst du dich jenes Tages noch?
Melitta. O könnt' ich jemals, jemals ihn vergessen!
Sappho. Als bald darauf des Fiebers Schlangenringe
Giftatmend dich umwanden, o Melitta,
Wer war's, der da die langen Nächte wachte,
Sein Haupt zum Kissen machte für das deine,
Sein selbst vergessend mit dem Tode rang
Den vielgeliebten Raub ihm abzuringen
Und ihn errang, in Angst und Qual errang!
Melitta. Du warst's, o Sappho! Was besäß' ich denn,
Das ich nicht dir, nicht deiner Milde dankte?

Sappho. Nicht so, hierher an meine Brust, hierher!
Ich wußt' es wohl du kannst mich nicht betrüben,
Mit Willen mich, mit Vorsatz nicht betrüben!
Laß unsre Herzen aneinanderschlagen,
Das Auge sich ins Schwesteraug versenken,
Die Worte mit dem Atem uns vermischen,
Daß das getäuschte Ohr, die gleichgestimmte Brust,
Von der Gesinnung Einklang süß betrogen,
In jedem Laut des lieblichen Gemisches
Sein Selbst erkenne, aber nicht sein Wort.
Melitta. O Sappho!
Sappho. Ja, ich täuschte mich. Nicht wahr?
Melitta. Worin?
Sappho. Wie könntest du? Du kannst nicht! Nein!
Melitta. Was o Gebieterin?
Sappho. Du könntest – Geh!
Leg diese eiteln Kleider erst von dir,
Ich kann dich so nicht sehn! Geh! Andre Kleider!
Der bunte Schmuck verletzt mein Auge! Fort!
Einfach ging stets die einfache Melitta,
So viele Hüllen deuten auf Verhülltes!
Geh! Andre Kleider, sag ich dir! Nur fort! –
Halt, wohin gehst du? Bleib! Sieh mir ins Auge!
Warum den Blick zu Boden? Fürchtest du
Der Herrin Aug'? du bist so blöde nicht!
Damals als Phaon –
Ha! errötest du?
Verräterin, du hast dich selbst verraten!
Und leugnest du? Nicht deiner falschen Zunge,
Dem Zeugnis dieser Wangen will ich glauben,
Dem Widerschein der frevelhaften Flammen,
Die tief dir brennen in der Heuchlerbrust!
Unselige, das also war's, warum
Du dich beim Mahle heut so seltsam zeigtest?
Was ich als Zeichen nahm der blöden Scham
Ein Fallstrick war's der list'gen Buhlerin,
Die spinnenähnlich ihren Raub umgarnte;
So jung noch und so schlau, so heiter blühend
Und Gift und Moder in der argen Brust?
Steh nicht so stumm! Soll dir's an Worten fehlen?

Die Zunge, die so sticht, kann sie nicht zischen?
Antworte mir!
Melitta. Ich weiß nicht was du meinst.
Sappho. Nicht? armes Kind! Nun Tränen! Weine nicht!
Die Tränen sind des Schmerzes heilig Recht!
Mit Worten sprich, sie sind ja längst entweiht,
Doch brauche nicht der Unschuld stumme Sprache!
So schön geschmückt, so bräutlich angetan!
Fort diese Blumen, fort, sie taugen wenig
Die schlechtversteckte Schlange zu verbergen!
Herab die Rosen!
Melitta *(nimmt schweigend den Kranz ab).*
Sappho. Mir gib diesen Kranz,
Bewahren will ich ihn dir zum Gedächtnis
Und fallen frühverwelkt die Blätter ab,
Gedenk ich deiner Treu und meines Glücks.
Was schonest du die Rose an der Brust?
Leg sie von dir!
Melitta *(tritt zurück).*
Sappho. Wohl gar ein Liebespfand?
Fort damit!
Melitta *(beide Arme über die Brust schlagend und dadurch die Rose verhüllend).*
Nimmermehr!
Sappho. Umsonst dein Sträuben!
Die Rose!
Melitta *(die Hände fest auf die Brust gedrückt, vor ihr fliehend).*
Nimm mein Leben!
Sappho. Falsche Schlange!
Auch ich kann stechen!
(Einen Dolch ziehend.)
Mir die Rose!
Melitta. Götter!
So schützt denn ihr mich! Ihr, erhabne Götter!

SECHSTER AUFTRITT

Phaon. Vorige.

Phaon. Wer ruft hier? – du Melitta, fort den Dolch!
(Pause.)
Phaon. Was war hier? Sappho, du?
Sappho. Frag diese hier!
Phaon. Melitta, hättest du? –
Melitta. Die Schuld ist mein,
Ich sprach, wie es der Sklavin nicht geziemt!
Sappho. Du sollst mit falscher Schuld dich nicht beladen,
Zu drückend liegt die wahre schon auf dir.
Weh mir, bedürft' ich jemals deiner Großmut!
(Mit starkem Ton.)
Die Rose von der Brust hab ich begehrt
Und sie verschmähte zu gehorchen! –
Phaon. Tat sie's?
Bei allen Göttern sie hat recht getan,
Und niemand soll der Blume sie berauben!
Ich selber gab sie ihr, als Angedenken
An eine schöne Stunde, als ein Zeichen,
Daß nicht in jeder Brust das Mitgefühl
Für unverdientes Unglück ist erloschen,
Als einen Tropfen Honig in den Becher
Den fremder Übermut ihr an die Lippen preßt,
Als Bürgen meiner innern Überzeugung,
Daß stiller Sinn des Weibes schönster Schmuck,
Und daß der Unschuld heitrer Blumenkranz
Mehr wert ist als des Ruhmes Lorbeerkronen. –
Sie weint! – O weine nicht Melittion!
Hast diese Tränen du auch mitbezahlt,
Als du sie von dem Sklavenmäkler kauftest?
Der Leib ist dein, komm her und töte sie,
Doch keine Träne sollst du ihr erpressen!
Schaust du mich mit den milden Augen an
Um Mitleid flehend für die Mitleidlose?
Du kennst sie nicht, du kennst die Stolze nicht!
Schau hin, blinkt nicht ein Dolch in ihrer Hand
Und noch zwei andre liegen tiefversteckt
Dort unter den gesenkten Augenlidern?

(Den Dolch aufraffend, der Sapphon entglitten ist.)
Mir diesen Stahl! Ich will ihn tragen
Hier auf der warmen, der betrognen Brust,
Und wenn mir je ein Bild verfloßner Tage
In süßer Wehmut vor die Seele tritt,
Soll schnell ein Blick auf diesen Stahl mich heilen!

Sappho *(ihn starr anblickend).*
Phaon!

Phaon. O höre nicht den süßen Ton,
Er lockt dich schmeichelnd nur zu ihrem Dolch!
Auch mir ist er erklungen! Lange schon
Eh' ich sie sah, warf sie der Lieder Schlingen
Von ferne leis verwirrend um mich her,
An goldnen Fäden zog sie mich an sich
Und mocht' ich ringen, enger stets und enger
Umschlangen mich die leisen Zauberkreise.
Als ich sie sah, da faßte wilder Taumel
Den aufgeregten Sinn und willenlos
Stürzt' ich gebunden zu der Stolzen Füßen.
Dein Anblick erst gab mich mir selber wieder,
Erbebend sah ich mich in Circes Hause
Und fühlte meinen Nacken schon gekrümmt!
Doch war ich nicht gelöst, sie selber mußte,
Sie selber ihren eignen Zauber brechen!

Sappho *(noch immer starr nach ihm blickend).*
Phaon!

Phaon. O hör sie nicht! Blick nicht nach ihr,
Ihr Auge tötet so wie ihre Hand.

Melitta. Sie weint!

Phaon. Fort, weinend spinnt sie neuen Zauber!

Melitta. Soll ich die Teure leidend vor mir sehn?

Phaon. Auch mich ergreift sie, darum eilig fort!
Eh' sie noch ihre Schlingen um dich wirft.
(Er führt sie fort.)

Melitta.
Ich kann nicht! – Sappho!

Sappho *(mit aufgelöster Stimme.)* Melitta, rufst du mir?

Melitta *(umkehrend und ihre Knie umfassend).*
Ich bin es Sappho! Hier die Rose nimm!
Nimm ihn! Mein Leben nimm! Wo ist dein Dolch?

Phaon *(herzueilend, die Rose die beide halten wegreißend und Melitten aufhebend).*
Dein ist sie, dein, kein Gott soll dir sie rauben!
(Melitten fortziehend.)
Komm! Schnell aus ihrer Nähe! Fort!
(Führt sie ab.)

Sappho *(mit ausgestreckten Armen, verhallend).*
Phaon!

Der Vorhang fällt.

VIERTER AUFZUG

Freie Gegend wie in den vorigen Aufzügen. Mondnacht.

ERSTER AUFTRITT

Sappho *(kommt, in tiefe Gedanken versenkt. – Sie bleibt stehen. – Nach einer Pause).*
Bin ich denn noch, und ist denn *etwas* noch?
Dies weite All, es stürzte nicht zusammen
In jenem fürchterlichen Augenblick?
Die Dunkelheit, die brütend mich umfängt,
Es ist die Nacht und nicht das Grab!
Man sagt ja doch, ein ungeheurer Schmerz,
Er könne töten? – Ach, es ist nicht so! –

Still ist es um mich her, die Lüfte schweigen,
Des Lebens muntre Töne sind verstummt,
Kein Laut schallt aus den unbewegten Blättern
Und einsam wie ein spätverirrter Fremdling
Geht meines Weinens Stimme durch die Nacht.

Wer auch so schlafen könnte, wie die Vögel,
Doch lang und länger, ohne zu erwachen;
Im Schoße eines festern, süßern Schlummers
Wo alles, alles, selbst die Pulse schlafen,
Kein Morgenstrahl zu neuen Qualen weckt,
Kein Undankbarer – Halt! – Tritt nicht die Schlange!

(Mit gedämpfter Stimme.)
Der Mord ist wohl ein gräßliches Verbrechen
Und Raub und Trug, und wie sie alle heißen,
Die Häupter jener giftgeschwollnen Hyder,
Die an des Abgrunds Flammenpfuhl erzeugt
Mit ihrem Geifer diese Welt verpestet,
Wohl gräßlich, schändlich, giftige Verbrechen!
Doch kenn ich eins, vor dessen dunkelm Abstich

Die andern alle lilienweiß erscheinen,
Und *Undank* ist sein Nam'! Er übt allein
Was alle andern einzeln nur verüben,
Er lügt, er raubt, betrügt, schwört falsche Eide,
Verrät und tötet! Undank! Undank! Undank!

Beschützt mich Götter, schützt mich vor mir selber!
Des Innern düstre Geister wachen auf
Und rütteln an des Kerkers Eisenstäben!

Ihn hatt' ich vom Geschicke mir erbeten,
Von allen Sterblichen nur ihn allein,
Ich wollt' ihn stellen auf der Menschheit Gipfel,
Erheben hoch vor allen, die da sind,
Und über Grab und Tod und Sterblichkeit
Ihn tragen auf den Fittichen des Ruhms
Hinüber in der Nachwelt lichte Fernen.
Was ich vermag und kann und bin und heiße
Als Kranz wollt' ich es winden um sein Haupt
Ein mildes Wort statt allen Lohns begehrend
Und er – lebt ihr denn noch, gerechte Götter? –
(Wie von einem plötzlichen Gedanken durchzuckt.)
Ihr lebet, ja! – Von euch kam der Gedanke
Der leuchtend sich vor meine Seele drängt.
Laß mich dich fassen schneller Götterbote,
Vernehmen deines Mundes flüchtig Wort! –
Nach Chios sprichst du: soll Melitta hin,
Nach Chios, dort getrennt von dem Verräter
In Reue wenden ihr verlocktes Herz,
Mit Liebesqual der Liebe Frevel büßen?
So sei es, Rhamnes, Rhamnes, ja so sei's!
Unsterbliche habt Dank für diesen Wink!
Ich eile zu vollführen.

ZWEITER AUFTRITT

Rhamnes. Sappho.

R h a m n e s. Was gebeutst du Herrin?
S a p p h o. Sie ist mein Werk! Was wär' sie ohne mich?

Und wer verwehrt dem Bildner wohl sein Recht
Das zu zerstören was er selber schuf?
Zerstören! Kann ich es? Weh mir, ihr Glück
Es steht zu hoch für meine schwache Hand!
Wenn ihr nach Chios seine Liebe folgt
Ist sie am Sklavenherd nicht seliger
Als ich im goldnen, liebeleeren Haus?
Für das Geliebte leiden ist so süß
Und Hoffnung und Erinnrung sind ja Rosen
Von *einem* Stamme mit der Wirklichkeit
Nur ohne Dornen! O verbannet mich
Weit in des Meeres unbekannte Fernen
Auf einen Fels, der schroff und unfruchtbar
Die Wolken nur und Wellen Nachbar nennt
Von jedem Pfad des Lebens rauh geschieden,
Nur löschet aus dem Buche der Erinnrung
Die letztentflohnen Stunden gütig aus;
Laßt mir den Glauben nur an seine Liebe
Und ich will preisen mein Geschick und fröhlich
Die Einsamkeit, ach einsam nicht, bewohnen!
Bei jedem Dorn, der meine Füße ritzte,
In jeder Qual wollt' ich mir selber sagen:
O wüßt' er es! und: o jetzt denkt er dein!
Was gäb' er dich zu retten! Ach und Balsam
Ergösse kühlend sich in jede Wunde!

R h a m n e s. Du hast gerufen, hocherhabne Frau!

S a p p h o. O Phaon, Phaon! Was hab ich dir getan? –
Ich stand so ruhig in der Dichtung Auen,
Mit meinem goldnen Saitenspiel allein,
Hernieder sah ich auf der Erde Freuden,
Und ihre Leiden reichten nicht zu mir.
Nach Stunden nicht, nach holden Blumen nur,
Dem heitern Kranz der Dichtung eingewoben,
Zählt' ich die Flucht der nimmerstillen Zeit.
Was meinem Lied ich gab, gab es mir wieder
Und ew'ge Jugend grünte mir ums Haupt.
Da kommt der Rauhe und mit frechen Händen
Reißt er den goldnen Schleier mir herab,
Zieht mich hernieder in die öde Wüste
Wo rings kein Fußtritt, rings kein Pfad,

Und jetzt, da er der einz'ge Gegenstand
Der in der Leere mir entgegenstrahlt,
Entzieht er mir die Hand, ach und entflieht!

Rhamnes. O Herrin magst du weilen so im Dunkeln
Beim feuchten Hauch der Nacht, der Meeresluft?

Sappho.
Kennst du ein schwärzres Laster als den Undank?

Rhamnes. Ich nicht!

Sappho. Ein giftigers?

Rhamnes. Nein wahrlich nicht!

Sappho. Ein fluchenswürd'geres, ein strafenswerters?

Rhamnes. Fürwahr mit Recht belastet's jeder Fluch!

Sappho. Nicht wahr? Nicht wahr? Die andern Laster alle
Hyänen, Löwen, Tiger, Wölfe sind's,
Der Undank ist die Schlange! Nicht? Die Schlange!
So schön, so glatt, so bunt, so giftig! – Oh! –

Rhamnes.
Komm mit hinein. Drin fühlst du dich wohl besser,
Mit Sorgfalt ist das Haus dir ausgeschmückt
Und Phaon wartet deiner in der Halle!

Sappho. Wie, Phaon, harret meiner?

Rhamnes. Ja, Gebietrin!
Ich sah ihn sinnend auf und nieder schreiten.
Bald stand er still, sprach leise vor sich hin,
Trat dann ans Fenster, suchend durch die Nacht.

Sappho. Er harret meiner? Lieber, sagt' er es
Er harre *meiner*? Sapphos?

Rhamnes. Das wohl nicht!
Doch sah ich ihn erwartend, lauschend stehn
Und wessen sollt' er harren?

Sappho. Wessen? Wessen?
Nicht Sapphos harrt er, doch er harrt umsonst!
Rhamnes!

Rhamnes. Gebieterin!

Sappho. Du weißt zu Chios
Wohnt, noch vom Vater her, ein Gastfreund mir!

Rhamnes. Ich weiß es!

Sappho. Löse schnell vom Strand den Nachen
Der dort sich schaukelt in der nahen Bucht,
Denn diese Nacht noch mußt du fort nach Chios!

Rhamnes. Allein?
Sappho. Nein!
(Pause.)
Rhamnes. Und wer folget mir dahin?
Sappho. Was sagst du?
Rhamnes. Wer nach Chios mit mir –?
Sappho *(ihn auf die andre Seite des Theaters führend).* Komm!
Vorsichtig sei und leise, hörst du mich?
Geh in Melittens Kammer und gebeut ihr
Hierher zu kommen, Sappho rufe sie.
Doch still daß *er* dich nicht bemerke.
Rhamnes. Wer?
Sappho.
Wer? – Phaon! – Folgt sie dir –
(Einhaltend.)
Rhamnes. Was dann?
Sappho. Dann bringe
Sie, sei's mit Güte, sei es mit Gewalt,
Doch leise, in den losgebundnen Nachen
Und fort nach Chios, auf der Stelle fort!
Rhamnes.
Und dort?
Sappho. Dort übergibst du sie dem Gastfreund,
Er soll sie *hüten*, bis ich sie verlange;
Und streng – Nicht strenge mög' er sie mir halten,
Sie ist ja doch gestraft genug! Hörst du?
Rhamnes. Ich eile!
Sappho. Zögre nicht!
Rhamnes. Leb wohl o Sappho!
Der Morgen findet uns schon fern von hier.
Zufrieden sollst du sein mit deinem Diener! *(Ab.)*

DRITTER AUFTRITT

Sappho *(allein).*
Er geht! – Noch – Nein! – Ach die Gewohnheit ist
Ein lästig Ding, selbst an Verhaßtes fesselt sie!
(In Gedanken vertieft.)
Horch – Tritte – Nein es war der Wind! – Wie bange

Pocht mir das Herz in sturmbewegter Brust! –
Jetzt Stimmen – Ha sie kommt – Sie folgt so willig! –
Sie ahnet nicht, daß sie zum letzten Male –
Fort! Ich will sie nicht sehn! – Ich will, ich kann nicht!
(Schnell ab.)

VIERTER AUFTRITT

Melitta. Rhamnes.

Melitta. Hier sagtest du, sei die Gebieterin,
Sie ist nicht da!
Rhamnes *(verlegen umherblickend).*
Nicht? Nein, fürwahr, – nicht da.
Doch erst vor kurzem war sie hier! – So komm!
Melitta. Wohin?
Rhamnes. Sie mag wohl an der Meeresküste
Hinaufgewandelt sein, dort an der Bucht!
Melitta. Dorthin geht sie ja nie.
Rhamnes. Vielleicht doch heute!
Melitta. Und warum heute denn?
Rhamnes. Warum? – Je nu
Weil – daß sie eben mir den Auftrag gab!
Nicht ansehn kann ich sie. Was sag ich ihr?
Melitta. Du bist so sonderbar! Du kehrst dich ab
Und deine Augen wagen nicht, die Worte,
Die du mir gibst, freiblickend zu bekräft'gen!
Was hast du denn, daß du so bang und ängstlich?
Sag mir, wo Sappho weilt, daß ich ihr nahe,
Und weißt du's nicht, so laß mich gehn!
Rhamnes. Halt da!
Du darfst nicht fort!
Melitta. Warum?
Rhamnes. Du mußt mit mir!
Melitta. Wohin?
Rhamnes. Nach – Komm nur mit zur nahen Bucht,
Du sollst schon sehn!
Melitta. Ihr Götter, was soll das?
Rhamnes.
Komm Mädchen, Mitternacht ist bald vorüber.
Die Stunde drängt! Mach fort!

Melitta. Was hast du vor?
Fort soll ich, fort! – An weitentlegne Küsten!
Rhamnes. Sei ruhig Kind! An weitentlegne Küsten?
Was fällt dir ein? Ist Chios denn so weit?
Melitta. Nach Chios? Nimmermehr!
Rhamnes. Du mußt wohl Kind!
So will es die Gebietrin!
Melitta. Sappho, sagst du?
Fort hin zu ihr!
Rhamnes. Nicht doch!
Melitta. Zu ihren Füßen!
Sie hör' und richte mich!
Rhamnes. Nicht von der Stelle!
Melitta. Wie Rhamnes du?
Rhamnes. Ei was, ich kann nicht anders!
Befohlen ward mir's so und ich gehorche.
Melitta. Laß dich erbitten!
Rhamnes. Ei was nützt es dir
Wenn auch in meinen Augen Tränen blinken.
Es muß doch einmal sein! Drum Kind, mach fort!
Melitta. Hier lieg ich auf den Knien! Laß dich erflehn!
– So ist denn niemand, der mich hört und rettet?
Rhamnes.
Umsonst! du rufst das Haus mir wach. Komm mit!
Melitta.
Nein nimmermehr! Erbarmt sich niemand meiner?

FÜNFTER AUFTRITT

Phaon. Vorige.

Phaon. Das ist Melittens Stimme! Ha Verwegner,
Wagst du's die Hand zu heben gegen sie?
Rhamnes *(läßt Melitten los)*.
Phaon. So täuschte mich doch meine Ahnung nicht
Als ich dich sah mit leisespähnden Blicken,
Dem Wolfe gleich, in ihre Nähe schleichen.
Doch hast du dich verrechnet grimmer Wolf,
Es wacht der Hirt und *dir* naht das Verderben!
Rhamnes. Herr, der Gebietrin Auftrag nur befolg ich.

Phaon. Wie, Sapphos Auftrag? *Sie* befahl es dir?
O Sappho, Sappho! Ich erkenne dich!
Doch leider nur zu spät! Warum zu spät?
Noch ist es Zeit, die Bande abzuschütteln
Von mir und ihr; beim Himmel, und ich will's!
Du allzufert'ger Diener fremder Bosheit –
Warum –? Melitta, du siehst bleich, du zitterst?
Melitta. Oh, mir ist wohl!
Phaon. Dank du den Göttern, Sklave,
Daß ihr kein Steinchen nur den Fuß geritzt,
Beim Himmel! jede Träne solltest du
Mit einem Todesseufzer mir bezahlen! –
Du scheinst ermattet! lehne dich auf mich,
Du findest nirgends eine festre Stütze!
Blick her Verruchter, dieses holde Wesen,
Dies Himmelsabbild wolltest du verletzen!
Rhamnes. Verletzen nicht!
Phaon. Was sonst?
Rhamnes. Nur – Doch verzeih
Was ich gewollt, ich kann es nicht vollführen.
Drum laß mich gehn!
Phaon *(Melitten loslassend)*. Bei allen Göttern, nein!
Mich lüstet's eurer Bosheit Maß zu kennen!
Was wolltest du?
Rhamnes. Sie sollte fort.
Phaon. Wohin?
Rhamnes. Nach – das ist der Gebieterin Geheimnis.
Phaon. Du sagst es nicht?
Rhamnes. Sie hat es hier verschlossen
Und fest bewahrt es ihres Dieners Brust.
Phaon. So öffne denn dies Eisen! Dank dir Sappho!
Du gabst mir selber Waffen gegen dich!
(Den Dolch ziehend.)
Verhehle länger nichts, du siehst mich fertig,
Die strengverschloßne Lade zu erbrechen!
Melitta. O schone seiner! Hin nach Chios sollt' ich!
Phaon. Nach Chios?
Melitta. Ja, ein Gastfreund Sapphos hauset dort,
Er sollte wohl Melitten ihr bewahren!
Phaon. Wie, übers Meer?

Melitta. Ein Kahn dort in der Bucht!
Phaon. Ein Kahn?
Melitta. So sprach er, ist's nicht also, Vater?
Rhamnes. Nicht Vater nenne mich, du Undankbare,
Die frech du die Gebieterin verrätst.
Phaon. Ein Kahn? –
Melitta *(zu Rhamnes).*
Was tat ich denn, daß du mich schiltst?
Er fragte ja!
Phaon. Ein Kahn? – So sei's! – das Zeichen
Ich nehm es an! Von euch kömmt's gute Götter!
Zu spät versteh ich eure treue Mahnung!
Sie ist es oder keine dieser Erde
Die in der Brust die zweite Hälfte trägt
Von dem was hier im Busen sehnend klopfte!
Ihr zeigt mir selbst den Weg. Ich will ihn gehn!
Melitta, ja, du sollst nach Chios, ja!
Doch nicht allein! – Mit mir, an meiner Seite!
Melitta. Mit ihm!
Phaon. Verlaß dies feindlich-rauhe Land
Wo Neid und Haß und das Medusenhaupt
Der Rachsucht sich in deine Pfade drängen,
Wo dir die Feindin Todesschlingen legt.
Komm! Dort der Kahn, hier Mut und Kraft und Stärke
Zu schützen dich, wär's gegen eine Welt! *(Faßt sie an.)*
Melitta *(ängstlich zu Rhamnes).*
Rhamnes!
Rhamnes. Bedenkt doch Herr!
Phaon. Bedenk du selber,
Was du gewollt, daß du in meiner Hand!
Rhamnes. Herr, Sapphos ist sie!
Phaon. Lügner! Sie ist mein!
(Zu Melitten.) Komm folge!
Rhamnes. Die Bewohner dieser Insel
Sie ehren Sapphon wie ein fürstlich Haupt,
Sind stets bereit beim ersten Hilferuf
In Waffen zu beschützen Sapphos Schwelle.
Ein Wort von mir und Hunderte erheben –
Phaon. Du mahnst mich recht! Fast hätt' ich es vergessen,
Bei wem ich bin und wo. – Du gehst mit uns!

Rhamnes. Ich Herr?
Phaon. Ja du, doch nur bis zum Gestade,
Ich neide Sapphon solche Diener nicht!
Wenn wir in Sicherheit magst du zurückekehren,
Erzählen was geschehn und – doch genug
Du folgst!
Rhamnes. Nein, nimmermehr!
Phaon. Ich habe denk ich
Was mir Gehorsam schaffen soll!
Rhamnes *(sich dem Hause nähernd)*. Gewalt!
Phaon *(vertritt ihm den Weg und geht mit dem Dolche auf ihn zu)*.
So fahre hin denn wie du selber willst!
Geringer Preis für dieser Reinen Rettung
Ist des Verruchten Untergang!
Melitta. Halt ein!
Phaon. Wenn er gehorcht!
Rhamnes *(der sich auf die entgegengesetzte Seite zurückgezogen hat)*. O wehe, weh dem Alter,
Daß nicht mehr eins der Wille und die Kraft!
Phaon. Jetzt Mädchen komm.
Melitta. Wohin?
Phaon. Zu Schiffe! fort!
Melitta *(von ihm weg in den Vorgrund eilend)*.
Ihr Götter! Soll ich?
Phaon. Fort! Es streckt die Ferne
Uns schutzverheißend ihren Arm entgegen.
Dort drüben überm alten, grauen Meer
Wohnt Sicherheit und Ruh' und Liebe!
O folge! Unterm breiten Lindendach,
Das still der Eltern stilles Haus beschattet,
Wölbt, Teure, sich der Tempel unsers Glücks.
(Sie ergreifend.)
Erzitterst du? Erzittre holde Braut,
Die Hand des Bräutigams hält dich umschlungen!
Komm mit! und folgst du nicht, bei allen Göttern
Auf diesen Händen trag ich dich von hinnen
Und fort und fort, bis an das End' der Welt.
Melitta. O Phaon!
Phaon. Fort, die Sterne blinken freundlich,

Die See rauscht auf, die lauen Lüfte wehen
Und Amphitrite ist der Liebe hold. *(Zu Rhamnes.)*
Voraus du!

Rhamnes. Herr!

Phaon. Es gilt dein Leben, sag ich dir!
(Alle ab.)

SECHSTER AUFTRITT

Eine Pause. – Dann erscheint Eucharis auf den Stufen.

Eucharis. Rhamnes! – *(Sie steigt herab.)*
Mir war als hört' ich seine Stimme!
Nein, es ist niemand hier! Ich täuschte mich.
Verwirrend scheint ein böser Geist zu walten
Seit Sapphos Rückkehr über ihrem Haus.
Es fliehen ängstlich scheu sich die Bewohner,
Verdacht und Kummer liegt auf jeder Stirn!
Melitten sucht' ich und fand leer ihr Lager,
Einsam irrt die Gebietrin durch die Nacht,
Hier Rhamnes' Stimme und er selber nicht.
O daß erst Morgen wäre! – Horch.

Rhamnes *(von weitem).* Zu Hilfe!

Eucharis. Man ruft!

Rhamnes *(näher).* Herbei!

Eucharis. Ha Rhamnes!

Rhamnes *(nahe).* Sklaven Sapphos!

Eucharis. Er ist ganz atemlos! Was ist denn Rhamnes?

SIEBENTER AUFTRITT

Rhamnes eilig. Eucharis.

Rhamnes.
Auf, auf vom weichen Lager! Hierher Freunde!
Den Flücht'gen nach. Zu Hilfe!

Eucharis. Sage doch –

Rhamnes.
O frage nicht! Ruf Sapphon und die Diener!

Eucharis. Warum?

Rhamnes. Zu Worten ist nicht Zeit! Geh nur!
Das ganze Haus erwache, eile, rette!
Eucharis. Was mag das sein?
(Die Stufen hinauf.)
Rhamnes. Ich kann nicht mehr! – Verräter
Frohlocket nicht! des Meeres fromme Götter
Sie rächen gern so abscheuwürd'ge Tat.
(Es kommen nach und nach mehrere Diener.)
Eilt schnell hinab ins Tal, weckt die Bewohner,
Gebt laut der Not, des Hilfeflehens Zeichen,
O fragt nicht, fort! Und laßt den Notruf tönen!
(Diener ab.)

ACHTER AUFTRITT

Sappho. Vorige.

Sappho. Welch Schreckenslaut tönt durch die stille Nacht
Und greift dem Schlafverscheucher Kummer in sein Amt?
Wer hat hier noch zu klagen außer mir?
Rhamnes. Ich, o Gebieterin!
Sappho. Du, Rhamnes, hier?
Und wo ist sie?
Rhamnes. Melitta?
Sappho. Ja doch!
Rhamnes. Fort!
Sappho. Sie fort und du doch hier!
Rhamnes. Entflohen mit –
Sappho. Halt ein!
Rhamnes. Entflohn mit Phaon!
Sappho. Nein!
Rhamnes. Es ist so!
Er überwältigte mein schwaches Alter
Und in demselben Kahn, der mir bereitet,
Führt er nun seine Beute durch die Wogen!
Sappho. Du lügst!
Rhamnes. O daß ich löge – diesmal löge!
Sappho. Und wo blieb euer Donner ew'ge Götter!
Habt ihr denn Qualen nur für *Sapphos* Herz?
Ist taub das Ohr und lahm der Arm der Rache!

Hernieder euren rächerischen Strahl,
Hernieder auf den Scheitel der Verräter,
Zermalmt sie, Götter, wie ihr mich zermalmt! –
Umsonst! kein Blitz durchzuckt die stille Luft,
Die Winde säuseln buhlerisch im Laube
Und auf den breiten Armen trägt die See
Den Kahn der Liebe schaukelnd vom Gestade!
Da ist nicht Hilfe! Sappho, hilf dir selbst!

(Die Bühne hat sich nach und nach mit Fackeln tragenden Sklaven und Landleuten angefüllt.)

Ha diese hier! Habt Dank, ihr Treuen, Dank!
Gebt, Menschen! was die Götter mir verweigern!
Auf meine Freunde, rächet eure Sappho!
Wenn ich euch jemals wert, jetzt zeigt es, jetzt!
(Unter ihnen herumgehend.)
Du Myron schwurst mir oft und du Terpander, –
Gedenkst du Lychas noch des Liedes, – Pheres –
Und du Xenarchos – alle meine Freunde!
Hinunter zum Gestad'! Bemannet Schiffe
Und folget windschnell der Verräter Spur!
Denkt, daß ich eurer hier in Qualen harre
Und jeder Augenblick bis ihr zurückkehrt
Mir hundert Dolche in den Busen bohrt!
Wer mir sie bringt, wer mir die Wonne schafft
Daß ich die Augen bohren kann in seine,
Ihn fragen kann: Was hab ich dir getan,
(In Tränen ausbrechend.)
Daß du mich tötest? – Nein, nur Wut und Rache!
Wer mir sie bringt, er nehme all mein Gold,
Mein Leben – fort! Auf Windesfittich fort!

Ein Landmann. Mit ihm nur kehren wir zurück.

Sappho. Ich dank euch,
(Zu den Abgehenden.)
Mein Leben ist gelegt in eure Hand!
Laßt meine Wünsche euren Fuß beflügeln
Und meine Rache stärken euren Arm –
Nur schnell, nur schnell! Bei allen Göttern schnell!

(Diener und Landleute ab.)

Sappho *(die Hände über die Brust gelegt).*
Sie gehn! Nun ist mir wohl! – Nun will ich ruhn!

Eucharis. Du zitterst!
Rhamnes. Weh du wankst! – o Sappho!
Eucharis *(die Wankende in ihre Arme fassend)*. Götter!
Sappho *(in Eucharis' Armen)*.
O laß mich sinken! Warum hältst du mich?
Der Vorhang fällt.

FÜNFTER AUFZUG

Gegend wie in den vorigen Aufzügen. Tagesanbruch.

ERSTER AUFTRITT

Sappho sitzt halbliegend auf der Rasenbank, unbeweglich vor sich hinstarrend. In einiger Entfernung steht Eucharis; weiter zurück mehrere Sklavinnen. Rhamnes kömmt.

Eucharis *(den Finger auf dem Munde).*
Still! still!
Rhamnes. Schläft sie?
Eucharis. Die Augen stehen offen,
Der Körper wacht, ihr Geist nur scheint zu schlafen!
So liegt sie seit drei Stunden, regungslos!
Rhamnes. Ihr solltet sie ins Haus doch –
Eucharis. Ich versucht' es,
Allein sie will nicht! – Und noch nichts?
Rhamnes. Noch nichts!
So weit das Auge trägt nur See und Wolken,
Von einem Schiffe nicht die kleinste Spur.
Sappho *(emporfahrend).*
Schiff? Wo?
Rhamnes. Wir sahn noch nichts Gebieterin!
Sappho *(zurücksinkend).*
Noch nicht! – Noch nicht! –
Rhamnes. Die Morgenluft weht kühl,
Erlaube, daß wir dich in dein Gemach –
Sappho *(schüttelt verneinend den Kopf).*
Rhamnes. Laß dich erbitten, folge mir ins Haus!
Sappho *(schüttelt noch einmal).*
Rhamnes *(zurückweichend).*
Du willst's – Ihr Anblick schneidet mir ins Herz!
Eucharis.
Ei sieh, was drängt sich dort das Volk!
Rhamnes. Laß sehn!

Eucharis.
Es strömt dem Ufer zu. Mir deucht, sie kommen!
Sappho *(aufspringend).*
Ha! *(Während des Folgenden steht sie in ängstlich horchender Stellung zurückgebeugt.)*
Eucharis. Dort tritt an den Felsen und sieh zu,
Vielleicht erblickst du sie!
Rhamnes. Wohl, ich will sehn!
(Steigt auf eine Erhöhung des Ufers.)
Eucharis. Nur schnell, nur schnell! Nun siehst du?
Rhamnes. Dank den Göttern!
Sie kommen!
Sappho. Ah!
Rhamnes. Die waldbewachsne Spitze
Die links dort weit sich ins Gewässer streckt
Verbarg mir vorher den willkommnen Anblick.
Ein Heer von Kähnen wimmelt durcheinander
Mit raschem Ruderschlag dem Ufer zu.
Eucharis. Und die Entwichnen, sind sie unter ihnen?
Rhamnes. Die Sonne blendet, ich erkenn es nicht!
Doch halt, da naht dem Ufer schon ein Kahn
Vorausgesendet mit der frohen Botschaft.
Jetzt legt er an! – Der Hirte ist's vom Tal –
Er schwenkt den Stab! – Gewiß sie sind gefangen!
Hierher, mein Freund, hierher! – Er kommt heran!
(Herabsteigend.)
Eucharis. Gebieterin, sei ruhig, sei gefaßt!

ZWEITER AUFTRITT

Ein Landmann. Vorige.

Landmann. Heil, Sappho, dir!
Eucharis. Ist er gefangen?
Landmann. Ja!
Rhamnes. Wo denn?
Eucharis. Und wie?
Landmann. Sie hatten tücht'gen Vorsprung
Und er versteht zu rudern. Fast schon glaubt' ich
Wir würden nun und nimmer sie erreichen!

Doch endlich, schon in hoher See, erblickten
Wir seinen Kahn und drauf in rascher Jagd!
Bald ist er eingeholt und schnell umringt.
Wir heißen um ihn lenken, doch er will nicht
Und faßt sein Mädchen mit der linken Hand,
Das blanke Eisen in der Rechten schwingend. –
Begehrt ihr was, erhabne Frau?

Sappho *(winkt ihm fortzufahren).*

Landmann. Nun denn!
Und schwingt das Eisen drohend gegen uns;
Bis nun ein Ruderschlag, der ihm gegolten,
Das kleine Mädchen an die Stirne trifft.

Sappho *(verhüllt sich die Augen mit der Hand).*

Landmann. Sie sinkt, er faßt sie in die Arme, wir,
Den Augenblick benützend, rasch an Bord
Und greifen ihn und bringen ihn zurück!
Sie steigen schon ans Land! Seht ihr die beiden?
Das kleine Mädchen wankt noch taumelnd –

Sappho. Ha
Nicht hierher!

Rhamnes. Wohin sonst, sie kommen schon!

Sappho.
Wer rettet mich vor seinem Anblick? – Mädchen! –
Du Aphrodite schütze deine Magd!

(Sie eilt dem Hintergrunde zu und umklammert den Altar, ihre Dienerinnen stehen rings um sie her.)

DRITTER AUFTRITT

Phaon, Melitten führend. Landleute. Sappho mit ihren Dienern im Hintergrunde.

Phaon. Ha wag es keiner diese zu berühren!
Nicht wehrlos bin ich, wenn auch gleich entwaffnet!
Zu ihrem Schutz wird diese Faust zur Keule,
Und jedes meiner Glieder wird ein Arm!
Hierher Melitta, hierher! Zittre nicht,
Dir soll kein Leid geschehn solang ich atme!
Verruchte, konntet ihr dies Haupt verletzen,
Das reine Haupt der Unschuld, und seid Männer?

So grausam dacht' ich höchstens mir ein Weib,
Ein schwaches, feiges, aufgereiztes Weib.
Du warst's, der nach ihr schlug, ich kenne dich!
Fort, von mir, fort! Daß ich die Rachegötter
Vorgreifend nicht um ihren Raub betrüge!
Wie fühlst du dich.

Melitta. Wohl!

Phaon. O dein Blick verneint,
Dies Zittern, diese Blässe, laut verrät sie
Die erste Lüge, die dein Mund gesprochen!
Versuche nicht den Grimm in mir zu dämpfen,
Zu neuer Glut fachst du die Flammen an!
Hier setze dich auf diesen Rasensitz;
Hier wo dein mildes, himmelklares Auge
Zum ersten Male mir entgegenglänzte
Und wie des Tages goldner Morgenstrahl
Des Schlafes düstre Bande von mir löste
In den mich jene Zauberin gesungen,
Hier wo die Lieb' ihr holdes Werk begann,
Auf dieser Stelle sei es auch vollendet!
Sprecht! Wo ist Sappho!

Melitta. Phaon, ruf sie nicht!

Phaon. Sei ruhig! Bin ich nicht ein freier Mann?
Wer gab das Recht ihr meinen Schritt zu hemmen?
Noch Richterstühle gibt's in Griechenland,
Mit Schrecken soll die Stolze das erfahren.
Zu Sappho hin!

Ein Landmann. Du bleibst!

Phaon. Wer hält mich? Wer?

Landmann. Wir alle hier!

Phaon. Ich bin ein freier Mann!

Landmann.
Du warst's, jetzt bist der Strafe du verfallen!

Phaon. Der Strafe! und warum?

Landmann. Der Sklavin Raub
Ruft das Gesetz zur Rache wider dich.

Phaon. Es fordre Sappho Lösegeld für sie
Und zahlen will ich's, wären's Krösus' Schätze!

Landmann.
Ihr ziemt's zu fordern, und nicht dir zu bieten!

Phaon. Seid ihr so zahm, daß eines Weibes Rache
Geduldig ihr die Männerhände leiht,
Und dienstbar seid der Liebe Wechsellaunen?
Mir stehet bei, denn Unrecht widerfährt mir!

Landmann.
Ob Recht ob Unrecht? Sappho wird's entscheiden!

Phaon. So sprichst du, Alter, und errötest nicht?
Wer ist denn Sappho, daß du ihre Zunge
Für jene achtest an des Rechtes Waage?
Ist sie Gebietrin hier im Land?

Landmann. Sie ist es,
Doch nicht weil sie gebeut, weil wir ihr dienen!

Phaon. So hat sie denn euch alle auch umsponnen,
Ich will doch sehn, wie weit ihr Zauber reicht!
(Gegen das Haus zugehend.)
Zu ihr!

Landmann. Zurück!

Phaon. Vergebens dräuet ihr!
Ich muß sie sehen! Sappho, zeige dich!
Wo bist du? oder zitterst du vor mir? –
Ha, dort am Altar ihrer Diener Reihen,
Sie ist es, du entgehst mir nicht! – Zu mir!

(Durchbricht die Menge. Auch der Kreis der Sklavinnen öffnet sich. Sappho liegt hingegossen an den Stufen des Altars.)

Landmann.
Du wagst es, unbesonnen frecher Knabe?

Phaon. Was willst du an den Stufen hier der Götter?
Sie hören nicht der Bosheit Flehn. – Steh auf!

(Er faßt sie an. Bei seiner Berührung fährt Sappho empor, und eilt mit fliegenden Schritten, ohne ihn anzusehen, dem Vorgrunde zu.)

Phaon *(ihr folgend).*
Entweichst du mir? du mußt mir Rede stehn!
Ha, bebe nur! Es ist jetzt Zeit zu beben!
Weißt du was du getan? Mit welchem Recht,
Wagst du es mich, mich einen freien Mann,
Der niemand eignet als sich selber, hier
In frevelhaften Banden festzuhalten?
Hier diese da in ungewohnten Waffen,

Hast du sie ausgesandt? Hast du sie? Sprich! –
So stumm? der Dichtrin süße Lippe stumm?

Sappho. Es ist zuviel!

Phaon. Die Wange rötet sich
Von Zornes heißen Gluten überflammt.
Recht, wirf die Larve weg, sei was du bist,
Und tobe, töte heuchlerische Circe!

Sappho. Es ist zuviel! – Auf, waffne dich, mein Herz!

Phaon. Antworte! Hast du diese ausgesandt?

Sappho *(zu Rhamnes).*
Geh hin und hol die Sklavin mir zurück,
Nur sie und niemand anders ließ ich suchen!

Phaon. Zurück! Es wage niemand ihr zu nahn!
Begehre Lösegeld. Ich bin nicht reich,
Doch werden Eltern mir und Freunde willig steuern
Mein Glück von deiner Habsucht zu erkaufen!

Sappho *(noch immer abgewandt).*
Nicht Gold verlang ich, nur was mein! Sie bleibt!

Phaon. Sie bleibet nicht! Bei allen Göttern, nein!
Du selber hast dein Recht auf sie verwirkt
Als du den Dolch auf ihren Busen zücktest,
Du kauftest ihre Dienste, nicht ihr Leben!
Glaubst du, ich ließe sie in deiner Hand?
Noch einmal, fordre Lösegeld und laß sie!

Sappho *(zu Rhamnes).* Erfülle was ich dir befahl!

Phaon. Zurück!
Du rührst an deinen Tod, berührst du sie!
So ist dein Busen denn so ganz entmenscht,
Daß er sich nicht mehr regt bei Menschenleiden!
Zerbrich die Leier, gifterfüllte Schlange!
Die Lippe töne nimmerdar Gesang,
Du hast verwirkt der Dichtung goldne Gaben!
Den Namen nicht entweihe mehr der Kunst!
Die Blume soll sie sein aus dieses Lebens Blättern,
Die hoch empor, der reinsten Kräfte Kind,
In blaue Luft das Balsamhaupt erhebt
Den Sternen zu, nach denen sie gebildet.
Du hast als gift'gen Schierling sie gebraucht,
Um deine Feinde grimmig zu verderben!
Wie anders malt' ich mir, ich blöder Tor

Einst Sapphon aus, in frühern, schönern Tagen!
Weich wie ihr Lied, war ihr verklärter Sinn
Und makellos ihr Herz, wie ihre Lieder,
Derselbe Wohllaut der der Lipp' entquoll
Er wiegte sich auch wogend in der Brust
Und Melodie war mir ihr ganzes Wesen!
Wer hat dich denn mit Zauberschlag verwandelt?
Ha, wende nicht die Augen scheu von mir!
Mich blicke an, laß mich dein Antlitz schauen
Daß ich erkenne, ob du's selber bist,
Ob dies die Lippen die mein Mund berührt,
Ob dies das Auge das so mild gelächelt,
Ob Sappho du es bist, du Sappho?

(Er faßt ihren Arm und wendet sie gegen sich. Sie blickt empor, ihr Auge trifft das seinige.)

Sappho *(schmerzvoll zusammenfahrend).*
Weh mir!

Phaon. Du bist es noch; ja, das war Sapphos Stimme!
Was ich gesagt! Die Winde tragen's hin,
Es soll nicht Wurzeln schlagen in dem Herzen!
O es wird helle, hell vor meinem Blick
Und wie die Sonne nach Gewittersturm
Strahlt aus der Gegenwart entladnen Wolken
In altem Glanze die Vergangenheit.
Sei mir gegrüßt, Erinnrung schöner Zeit!
Du bist mir wieder was du einst mir warst,
Eh' ich dich noch gesehn, in ferner Heimat,
Dasselbe Götterbild, das ich nur irrend
So lange für ein Menschenantlitz hielt,
Zeig dich als Göttin! Segne Sappho, segne!

Sappho. Betrüger!

Phaon. Nein fürwahr, ich bin es nicht!
Wenn ich dir Liebe schwur, es war nicht Täuschung,
Ich liebte dich, so wie man Götter wohl
Wie man das Gute liebet und das Schöne.
Mit Höhern, Sappho, halte du Gemeinschaft,
Man steigt nicht ungestraft vom Göttermahle
Herunter in den Kreis der Sterblichen.
Der Arm, in dem die goldne Leier ruhte,
Er ist geweiht, er fasse Niedres nicht!

Sappho *(abgewendet vor sich hin).*
Hinab in Meeresgrund die goldne Leier
Wird ihr Besitz um solchen Preis erkauft!
Phaon. Ich taumelte in dumpfer Trunkenheit,
Mit mir und mit der Welt im düstern Streite;
Vergebens rief ich die Gefühle auf,
Die ich in Schlummer glaubt' und die nicht waren,
Du standst vor mir ein unbegreiflich Bild
Zu dem's mich hin, von dem's mich fort,
Mit unsichtbaren Banden mächtig zog;
Du warst – zu *niedrig* glaubte dich mein Zorn,
Zu *hoch* nennt die Besinnung dich – für meine Liebe.
Und nur das *Gleiche* fügt sich leicht und wohl!
Da sah ich *sie*, und hoch gen Himmel sprangen
Die tiefen Quellen alle meines Innern,
Die stockend vorher weigerten den Strahl.
Komm her Melittion, komm her zu ihr,
O sei nicht bange, sie ist mild und gütig!
Enthüll der Augen schimmernden Kristall
Daß sie dir blicke in die fromme Brust
Und freudig ohne Makel dich erkenne!
Melitta *(schüchtern nahend).*
Gebieterin!
Sappho *(sie von sich haltend).*
Fort von mir!
Melitta. Ach, sie zürnt!
Phaon. So wär' sie doch was ich zu glauben scheute?
Komm her, Melittion, an meine Seite!
Du sollst nicht zu ihr flehn! Vor meinen Augen
Soll dich die Stolze nicht beleidigen,
Du sollst nicht flehn! Sie kennt nicht deinen Wert,
Nicht ihren, denn auf ihren Knien würde
Sie sonst, die Schuld der Unschuld, stumm dir huld'gen!
Hierher zu mir, hierher!
Melitta. Nein laß mich knien
Wie's wohl dem Kinde ziemt vor seiner Mutter,
Und dünkt ihr Strafe recht, so strafe sie,
Ich will nicht murren wider ihren Willen!
Phaon. Nicht dir allein auch mir gehörst du an,
Und mich erniedrigst du durch diese Demut.

Noch gibt es Mittel das uns zu erzwingen
Was sie der Bitte störrisch-rauh versagt.

Melitta. O wär' es auch, mich freut nur ihre *Gabe*,
Erzwungen wäre mir das höchste Glück zur Last!
Hier will ich knien, bis mir ein milder Blick,
Ein gütig Wort, Verzeihung angekündigt.
Wie oft schon lag ich hier an dieser Stelle
Und immer stand ich freudig wieder auf;
Sie wird mich diesmal weinend nicht entlassen!
Blick auf dein Kind hernieder, teure Frau!

Sappho *(steht, das Gesicht auf Eucharis' Schulter gelehnt).*

Phaon.
Kannst du sie hören und bleibst kalt und stumm!

Melitta.
Sie ist nicht kalt, und wenn auch schweigt ihr Mund
Ich fühl ihr Herz zu meinem Herzen sprechen!
Sei Richter, Sappho, zwischen mir und ihm!
Heiß mich ihm folgen und ich folge ihm,
Heiß mich ihn fliehn – o Götter! – alles – alles!
Du zitterst! – Sappho, hörest du mich nicht?

Phaon *(Melitten umschlingend und ebenfalls hinkniend).*
Den Menschen Liebe und den Göttern Ehrfurcht,
Gib uns was unser, und nimm hin was dein!
Bedenke was du tust, und wer du bist!

Sappho *(fährt bei den letzten Worten empor und blickt die Knienden mit einem starren Blicke an, wendet sich dann schnell ab, und geht).*

Melitta.
Weh mir sie flieht, sie hat ihr Kind verstoßen!
(Sappho ab. Eucharis und Dienerinnen folgen.)

VIERTER AUFTRITT

Vorige ohne Sappho und Eucharis.

Phaon. Steh auf, mein Kind! Zu Menschen flehe nicht,
Noch bleiben uns die Götter und wir selbst!

Melitta. Ich kann nicht leben, wenn sie mich verdammt!
Ihr Auge war von jeher mir der Spiegel

Vor dem ich all mein Tun und Fühlen prüfte!
Er zeigt mir jetzt die eigne Ungestalt!
Was muß sie leiden die gekränkte Frau!

Phaon. Du leihst ihr dein Gefühl! Ganz andre Wogen
Erheben sich in dieser Stolzen Brust!

Melitta.
Scheint sie auch stolz, mir war sie immer gütig,
Wenn oft auch streng, es barg die scharfe Hülle
Mir immer eine süße, holde Frucht!
Weh mir, daß ich das je vergessen konnte!

Rhamnes. Jawohl, weh dir, daß du es je vergessen!

Phaon. Was zittert ihr, kennt ihr sie gar so mild?

Rhamnes. Sie zürnte, als sie ging, und ohne Schranken,
Wie ihre Liebe ist ihr Zorn! – Drum weh euch!

Phaon. Was kann sie drohn?

Rhamnes. Der flücht'gen Sklavin, Tod!

Phaon. Wer sagt das?

Rhamnes. Die Gesetze dieses Landes!

Phaon. Ich schütze sie!

Rhamnes. Du? Und wer schützet *dich*?

Phaon. Und gähnte hier die Erde vor mir auf,
Und donnerte die See mich zu verschlingen,
Vermöchte sie die Kräfte der Natur
In grauses Bündnis wider mich zu einen,
Fest halt ich diese, lachend ihres Zorns,
Sie selbst und ihre Drohungen verachtend!

Rhamnes. Verachten? Sapphon! Und wer bist du denn
Daß du dein Wort magst in die Schale legen
In der die Menschheit ihre Ersten wiegt,
Zu sprechen wagst, wo Griechenland gesprochen?
Blödsicht'ger, frevler Tor, dünkt sie dir wertlos
Weil ohne Maßstab du für ihren Wert,
Nennst du das Kleinod blind, weil es dein Auge?
Daß sie dich liebte, daß sie aus dem Staub
Die undankbare Schlange zu sich hob
Die nun mit gift'gem Zahn ihr Herz zerfleischt,
Daß ihren Reichtum sie an dich vergeudet
Der keinen Sinn für solcher Schätze Wert,
Das ist der einz'ge Fleck in ihrem Leben
Und keines andern zeiht sie selbst der Neid!

Sprich nicht! Selbst dieser Trotz, in dem du nun
Dich auflehnst wider sie, er ist nicht dein!
Wie hättest du aus deiner Niedrigkeit,
Von den Vergeßnen der Vergessenste,
Gewagt zu murren wider Hellas' Kleinod?
Daß sie dich angeblickt gab dir den Stolz,
Mit dem du nun auf sie herniedersiehst.

Phaon. Der Dichtung Ruhm nicht mag ich ihr bestreiten –

Rhamnes.
Du magst es nicht? Ei doch! Als ob du's könntest!
Hoch an den Sternen hat sie ihren Namen
Mit diamantnen Lettern angeschrieben
Und mit den Sternen nur wird er verlöschen!
In fernen Zeiten unter fremden Menschen
Wenn längst zerfallen diese morschen Hüllen
Und selber unsre Gräber nicht mehr sind
Wird Sapphos Lied noch von den Lippen tönen,
Wird leben noch ihr Name – und der deine!
Der deine ja, sei stolz auf die Unsterblichkeit
Die dir der Frevel gibt an ihrem Haupt!
In fremdem Land bei kommenden Geschlechtern
Wenn schon Jahrhunderte, noch ungeboren,
Hinabgestiegen in das Grab der Zeit
Wird es erschallen noch aus jedem Munde:
Sappho hieß die, die dieses Lied gesungen,
Und Phaon heißt er, der sie hat getötet.

Melitta. O Phaon –

Phaon. Ruhig! Ruhig!

Rhamnes. Armer Tröster!
Gebeutst du Ruh' mit unruhvoller Stimme?
Sie kenne ihr Verbrechen und erzittre,
Die Rache wenigstens vermisse Sappho nicht!
Du magst der Dichtung Ruhm ihr nicht bestreiten?
Und welchen sonst bestreitest du ihr denn?
Wagst du's an ihrem Herzen wohl zu zweifeln,
Der was er ist nur ihrem Herzen dankt?
Sieh um dich her! es ist kein einz'ger hier
Dem sie nicht wohlgetan, der nicht an sich
In Haus und Feld, an Gut und bei den Seinen
Von ihrer Milde reiche Spuren trägt,

Nicht einer dessen Herz nicht höher schlüge,
Wenn er sich Mytilenes Bürger
Wenn er sich Sapphos Landgenosse nennt.
Frag jene Bebende an deiner Seite,
Genossin, scheint's, der Tat mehr als der Schuld,
Wie gegen sich die Herrin sie gefunden?
Was hatte wohl die Sklavin dir zu bieten?
Wenn sie dir wohlgefiel, so war es Sapphos Geist,
War Sapphos milder, mütterlicher Geist
Der ansprach dich aus ihres Werkes Munde. –
O presse nur die Stirn, du strebst vergebens,
Du löschest die Erinnrung nimmer aus!
Und was willst du beginnen? Wohin fliehn?
Kein Schutzort ist für dich auf dieser Erde,
In jedes Menschen fromm gesinnter Brust
Erhebt ein Feind dem Feinde sich des Schönen.
Vorangehn wird der Ruf vor deinen Schritten
Und schreien wird er in der Menschen Ohr:
Hier Sapphos Mörder, hier der Götter Feind!
Und vogelfrei wirst du das Land durchirren
Mit ihr, der du Verderben gabst für Schutz.
Kein Grieche öffnet dir sein gastlich Haus
Kein Gott gewährt dir Eintritt in den Tempel,
Erbebend wirst du fliehn vom Opferaltar
Wenn Priesters Spruch Unheilige entfernt.
Und fliehst du, wird die grause Eumenide,
Der Unterird'schen schwarze Rachebotin,
Die Schlangenhaare schütteln um dich her,
Dir Sapphos Namen in die Ohren kreischen
Bis dich das Grab verschlungen, das du grubst!

Melitta. Halt ein! Halt ein!

Phaon. Willst du mich rasend machen?

Rhamnes. Du warst's als du die Hohe von dir stießest!
Genieße nun die Frucht die du gepflanzt!

Melitta. Zu ihr!

Phaon. Wer rettet mich aus dieser Qual!

FÜNFTER AUFTRITT

Eucharis. Vorige.

Eucharis. Bist du hier, Rhamnes? Eilig komm!
Rhamnes. Wohin?
Eucharis. Zu Sapphon.
Rhamnes. Was –?
Eucharis. Ich fürchte, sie ist krank.
Rhamnes. Die Götter wenden's ab!
Eucharis. Ich folgte ihr von fern
Hinauf zur großen Halle und versteckt
Bewacht' ich all ihr Tun mit scharfem Auge.
Dort stand sie an ein Säulenpaar gelehnt,
Hinunterschauend in die weite See,
Die an den Felsenufern brandend schäumt,
Sprach- und bewegungslos stand sie dort oben,
Mit starren Augen und erblaßten Wangen
Im Kreis von Marmorbildern fast als ihresgleichen.
Nur manchmal regt sie sich und greift nach Blumen,
Nach Gold und Schmuck und was ihr Arm erreicht
Und wirft's hinunter in die laute See
Den Sturz mit sehnsuchtsvollem Aug' verfolgend,
Schon wollt' ich nahn, da tönt ein Klingen durchs Gemach
Und zuckend fuhr es durch ihr ganzes Wesen,
Die Leier war's, am Pfeiler aufgehangen,
In deren Saiten laut die Seeluft spielte.
Schwer atmend blickt sie auf und fährt zusammen,
Wie von Berührung einer höhern Macht.
Die Augen auf die Leier starr geheftet
Beleben sich mit eins die toten Züge
Und fremdes Lächeln spielt um ihren Mund.
Jetzt öffnen sich die strenggeschloßnen Lippen,
Es tönen Worte, schauerlichen Klangs,
Aus Sapphos Munde, doch nicht Sapphos Worte.
Rufst du mir, spricht sie, Freundin? Mahnst du mich?
O ich versteh dich Freundin an der Wand!
Du mahnst mich an verfloßne Zeit! Hab Dank! –
Wie sie die Wand erreicht und wie die Leier,
Hoch oben hängend, weiß ich nicht zu sagen,
Denn wie ein Blitzstrahl flirrte mich's vorüber.

Jetzt blick ich hin, sie hält das Saitenspiel
Und drückt es an die sturmbewegte Brust,
Die hörbar laut den Atem nahm und gab.
Den Kranz dann, den Olympischen des Sieges,
Dort aufgehangen an dem Hausaltar,
Schlingt sie ums Haupt und wirft den Purpurmantel,
Hochglühend so wie er, um ihre Schultern –
Wer sie jetzt sah, zum ersten Male sah,
Auf des Altares hohen Stufen stehend,
Die Leier in der Hand, den Blick gehoben,
Gehoben ihre ganze Lichtgestalt,
Verklärungsschimmer über sie gegossen,
Als Überird'sche hätt' er sie begrüßt,
Und zum Gebet gebeugt die schwanken Knie.
Doch regungslos und stumm so wie sie war,
Fühlt' ich von Schauder mich und Graun ergriffen,
Ihr lebend toter Blick entsetzte mich,
Drum eilt' ich –

Rhamnes. Und verließest sie! – Zu ihr!
Doch sieh! – Naht nicht? Sie ist's; sie selber kommt!

SECHSTER AUFTRITT

Sappho reich gekleidet wie im ersten Aufzuge; den Purpurmantel um die Schultern, den Lorbeer auf dem Haupte, die goldne Leier in der Hand, erscheint von ihren Dienerinnen umgeben, auf den Stufen des Säulenganges und schreitet ernst und feierlich herunter.
Lange Pause.

Melitta. O Sappho, o Gebieterin!
Sappho *(ruhig und ernst).* Was willst du?
Melitta. Gefallen ist die Binde meiner Augen,
O laß mich wieder deine Sklavin sein,
Was dir gehört, besitz es und verzeih!
Sappho *(ebenso).*
Glaubst du so übel Sapphon denn beraten
Daß Gaben sie von deiner Hand bedarf?
Was mir gehört, es ist mir schon geworden.
Phaon. O höre Sappho –

Sappho. Nicht berühre mich!
Ich bin den Göttern heilig!
Phaon. Wenn du mich
Mit holdem Auge Sappho je betrachtet –
Sappho. Du sprichst von Dingen die vergangen sind!
Ich suchte *dich* und habe *mich* gefunden!
Du faßtest nicht mein Herz, so fahre hin!
Auf festern Grund muß meine Hoffnung fußen!
Phaon. So hassest du mich also?
Sappho. Lieben! Hassen!
Gibt es kein Drittes mehr? Du warst mir wert
Und bist es noch und wirst mir's immer sein
Gleich einem lieben Reis'genossen, den
Auf kurzer Überfahrt des Zufalls Laune
In unsern Nachen führte, bis das Ziel erreicht
Und scheidend jeder wandelt seinen Pfad,
Nur manchmal aus der fremden weiten Ferne
Des freundlichen Gefährten sich – erinnernd
(Die Stimme versagt ihr.)
Phaon *(bewegt).*
O Sappho!
Sappho. Still! Laß uns in Ruhe scheiden!
(Zu den übrigen.)
Ihr die ihr Sapphon schwach gesehn, verzeiht!
Ich will mit Sapphos Schwäche euch versöhnen,
Gebeugt erst zeigt der Bogen seine Kraft!
(Auf den Altar im Hintergrunde zeigend.)
Die Flamme zündet Aphroditens an
Daß hell sie strahle in das Morgenrot!
(Es geschieht.)
Und nun entfernt euch, lasset mich allein
Alleine mit den Meinen mich beraten!
Rhamnes.
Sie will's, laßt uns gehorchen. Kommt ihr alle!
(Ziehen sich zurück.)
Sappho *(vortretend).*
Erhabne, heil'ge Götter!
Ihr habt mit reichem Segen mich geschmückt!
In meine Hand gabt ihr des Sanges Bogen,
Der Dichtung vollen Köcher gabt ihr mir;

Ein Herz zu fühlen, einen Geist zu denken
Und Kraft zu bilden was ich mir gedacht!
Ihr habt mit reichem Segen mich geschmückt,
Ich dank euch!

Ihr habt mit Sieg dies schwache Haupt gekrönt
Und ausgesät in weitentfernte Lande
Der Dichtrin Ruhm, Saat für die Ewigkeit!
Es tönt mein goldnes Lied von fremden Zungen
Und mit der Erde nur wird Sappho untergehn,
Ich dank euch!

Ihr habt der Dichterin vergönnt zu nippen
An dieses Lebens süß umkränzten Kelch,
Zu nippen nur, zu trinken nicht.
O seht, gehorsam eurem hohen Wink
Setz ich ihn hin den süß umkränzten Becher
Und trinke nicht!

Vollendet hab ich, was ihr mir geboten,
Darum versagt mir nicht den letzten Lohn!
Die euch gehören, kennen nicht die Schwäche,
Der Krankheit Natter kriecht sie nicht hinan,
In voller Kraft, in ihres Daseins Blüte
Nehmt ihr sie rasch hinauf in eure Wohnung –
Gönnt mir ein gleiches, kronenwertes Los! –

O gebt nicht zu daß eure Priesterin
Ein Ziel des Hohnes werde eurer Feinde,
Ein Spott des Toren, der sich weise dünkt.
Ihr bracht die Blüten, brechet auch den Stamm!
Laßt mich vollenden, so wie ich begonnen,
Erspart mir dieses Ringens blut'ge Qual.
Zu schwach fühl ich mich länger noch zu kämpfen,
Gebt mir den Sieg, erlasset mir den Kampf!
(Begeistert.)
Die Flamme lodert und die Sonne steigt,
Ich fühl's ich bin erhört! Habt Dank ihr Götter! – –
Du Phaon! Du Melitta! Kommt heran!
(Phaon auf die Stirne küssend.)

Es küsset dich ein Freund aus fernen Welten
(Melitten umarmend.)
Die tote Mutter schickt dir diesen Kuß!

Nun hin, dort an der Liebesgöttin Altar
Erfülle sich der Liebe dunkles Los!
(Eilt dem Altare zu.)

Rhamnes. Was sinnet sie? verklärt ist all ihr Wesen,
Glanz der Unsterblichen umleuchtet sie!

Sappho *(auf eine Erhöhung des Ufers hintretend und die Hände über die beiden ausstreckend).*
Den Menschen Liebe und den Göttern Ehrfurcht!
Genießet was euch blüht, und denket mein!
So zahle ich die letzte Schuld des Lebens!
Ihr Götter, segnet sie und nehmt mich auf!
(Stürzt sich vom Felsen ins Meer.)

Phaon. Halt ein! Halt Sappho!

Melitta. Weh sie stürzt! sie stirbt!

Phaon *(mit Melitten beschäftigt).*
Schnell Hilfe, fort ans Ufer! Rettung, Hilfe!
(Einige ab.)

Rhamnes *(der aufs Ufer gestiegen).*
Ihr Götter wendet ab! dort jene Klippe,
Berührt sie die ist sie zerschellt, zerschmettert! –
Tragt sie vorüber! Weh! Es ist geschehn!

Phaon. Was kreischest du? Nach Kähnen! Eilet! Rettet!

Rhamnes *(herabsteigend).*
Halt ein! Es ist zu spät! Gönnt ihr das Grab,
Das sie, verschmähend diese falsche Erde,
Gewählt sich in des Meeres heil'gen Fluten!

Phaon. Tot?

Rhamnes. Tot!

Phaon. Weh mir! Unmöglich, nein!

Rhamnes. Es ist! –
Verwelkt der Lorbeer und das Saitenspiel verklungen!
Es war auf Erden ihre Heimat nicht –
(Mit erhobenen Händen.)
Sie ist zurückgekehret zu den Ihren!

(Der Vorhang fällt.)

Ende.

NACHWORT

In Franz Grillparzers (1791–1872) Trauerspiel *Sappho* vollzieht sich eine bemerkenswerte Verbürgerlichung des klassischen Kunstideals. Sapphos Künstlerrolle wird einem Wandel unterworfen, der Forderungen biedermeierlichen Lebensglückes Rechnung trägt. Nach ihrem Triumph im Dichteragon will sie sich vom heiligen Amte des Sängers zurückziehen, einzig ihrem Glück mit Phaon leben. Liebe führt die Vertraute der Götter von den »wolkennahen Gipfeln« (V. 90) der Poesie in das heitere, unbeschwerte Leben; sie will den Lorbeer mit der Myrte vertauschen, das Leben als eine Art Schäferspiel genießen und deshalb das apollinische Ideal der Kunst durch ein bukolisches ersetzen. Das Szenarium des Anfangs gibt bereits optische Signale einer antikisierenden Landschaft, aber auch einer bukolischen Idylle: Grotte, Rosengebüsch, Rasenbank sind Zeichen einer zierlichen, zum Tändeln einladenden Oase. Indem Sapphos Gesang nur noch der Preisung der »häuslich stillen Freuden« (V. 96) gewidmet sein soll, sie sich in die Ordnung ihrer Mitbürger selbstverständlich eingliedert, wird eine biedermeierliche Komponente ihres Strebens offenbar. Hinter der antiken Kostümierung sind Zeitgenossen Grillparzers zu erkennen, Wiener Bürger des frühen 19. Jahrhunderts. Das eingangs entfaltete Künstlerdrama wird zu einer Liebestragödie umgebogen. Deshalb konnte Grillparzer 1844 sagen, er habe »mehr das liebende Weib als ihr poetisches Element« hervorgehoben. 1866 spricht er von *Sappho* launig und abwehrend als einer dramatisch gestalteten »Fiakeridee«, nämlich »gleich und gleich gesellt sich gern«. In Abhängigkeit vom Leben (»Und *leben* ist ja doch des Lebens höchstes Ziel!«, V. 270) stehen die Auffassungen von der Rolle der Kunst (V. 275 ff.); die »arme« Kunst muß Anleihen bei des Lebens »Überfluß« nehmen; sie bedarf des lebendigen Stoffes als ihres Gegenstandes. Sappho erstrebt, beide Sphären zu vereinen, das Leben aus der Kunst zu leben, die Kunst aus dem Leben zu schaffen. Grillparzer bemerkt dazu 1818 in einem Brief an Müllner: »Phaon und Melitta haben die Partie des Lebens. Es lag in meinem Plane nicht die Mißgunst, das Ankämpfen des

Lebens gegen die Kunst zu schildern wie in [Oehlenschlägers] Correggio oder [Goethes] Tasso, sondern die natürliche Scheidewand, die zwischen beiden befestigt ist.« In »ewig gleicher Lust« möchte Sappho vereint mit Phaon das Leben zur Kunst erheben, in ewiger Dauer das »schöne Dasein« zum vollkommenen Kunstwerk werden lassen (V. 291 f.).

Aus ihrer Glückszuversicht gerissen, erinnert sich Sappho des Gegensatzes von göttlicher Berufung und irdischem Wollen; sie muß erkennen, daß sie ihrer eigentlichen Pflicht untreu geworden ist. Statt den Lorbeer zu erstreben, den Musen zu dienen, dem Himmel den Blick zu schenken, ließ sie sich ins gemeine Leben herab, in dem »Armut«, »Treubruch« und »Verbrechen« sich nähren und wohnen (V. 941 ff.). Die Erde ist nicht ihr Element, denn als Erwählte und Eigentum der Götter gehört sie der himmlischen Sphäre an, hat sie im Ewigen ihre Heimstatt. Sie war der Berufung zum Amt des Dichters gefolgt und war doch dem Leben verfallen. Ihr Ende bereitet die Rückkehr und ein Bekenntnis zum Ursprung, eine neue Vereinigung mit dem Göttlichen vor. Insofern widerruft der Schluß die Säkularisierung des klassischen Kunstideals.

Sappho ist in der äußeren Gestaltung Goethes *Iphigenie auf Tauris*, thematisch dem *Torquato Tasso* verwandt. Goethe selbst hat sich Grillparzer gegenüber – bei dessen Besuch in Weimar 1826 – anerkennend über *Sappho* geäußert. Anregungen zu dem Schauspiel sind sicher auch von Wieland (*Geschichte des Agathon*, *Menander und Glycerion*, *Aristipp*) und von Mme. de Staëls Roman *Corinne ou l'Italie* gekommen. Der Niederschrift der Tragödie ging kein gründliches Quellenstudium voraus, so daß die Gestalt der Dichterin weitgehend Grillparzers Phantasie entsprang und weniger einer dramatischen Biographie genügt. Viele Nachrichten über die historische Sappho (um 600 v. Chr.), der bedeutendsten griechischen Lyrikerin, die auf der Insel Lesbos zu Hause war, sind Erfindungen des Altertums: so ihre Liebe zu dem schönen Fährmann Phaon oder ihr todbringender Sprung vom Leukadischen Felsen. In Mytilene auf Lesbos war sie Vorsteherin eines musischen Vereins, in dem adelige Mädchen Ausbildung in Gesang erhielten und sich in Schicklichem übten. Sie schrieb Gedichte, in denen sie ihrer leidenschaftlichen Zuneigung zu jungen Mädchen schwärmerisch Ausdruck verlieh; Kultlieder, Hochzeitgesänge sind ebenfalls

von ihr verfaßt worden. Das Gedicht an die Liebesgöttin in Grillparzers Drama (vgl. I,6) ist eine freie Nachdichtung eines erhaltenen Fragments der Sappho.
Grillparzer hatte nach der Kontroverse um *Die Ahnfrau* (1817) einen Stoff gesucht, der es ermöglichte, sich und der Welt zu zeigen, daß er sehr wohl auf Theatereffekte verzichten könne und allein durch die poetische Kraft eines Dramas Wirkungen hervorzubringen imstande sei. Bei einem Spaziergang begegnete er dem Arzt Dr. Joel, der ihm den Wunsch des Kapellmeisters Weigl übermittelte, von Grillparzer ein Libretto erhalten zu dürfen. Joel selbst hatte schon ein bestimmtes Sujet im Auge. »Obwohl ich nicht die geringste Lust hatte einen Operntext zu schreiben, fragte ich doch nach diesem Stoffe. Er nannte Sappho. Ich versetzte augenblicklich, das gäbe allenfalls auch ein Trauerspiel. Er dagegen meinte, dazu seien denn doch zu wenig Begebenheiten. So trennten wir uns, er ging nach der Stadt und ich dem Prater zu. Der Name Sappho hatte mich frappiert. Da wäre ja der einfache Stoff den ich suchte« (»Selbstbiographie«). Innerhalb von weniger als drei Wochen wurde *Sappho* vollendet. Das fertige Schauspiel übergab er Schreyvogel (Carl August West), dem Leiter des Burgtheaters, der anfangs keine große Begeisterung für das Stück zeigte. Schließlich nahm er es für die Uraufführung am Burgtheater an, die dann am 21. April 1818 unter großem Beifall stattfand. Die Kritik war allgemein zustimmend und lobend. Ludwig Börne (1786–1837) rezensierte *Sappho* mit einem geradezu hymnischen Schluß: »Soll ich noch sprechen von dem holden Zauber in allen Reden unseres Dichters? Von dieser bald milden, bald glühenden Farbenpracht, von der Schönheit und Wahrheit seiner Bilder, von der Tiefe und Wärme seiner Empfindungen? Dieser wundervolle paradiesische Garten ist genug gepriesen, wenn ich ihm den Fruchtmarkt anderer neuen Dichter gegenüberstelle« (*Dramaturgische Blätter*). Lord Byron (1788–1824) nannte das Werk »großartig« und »erhaben«. »Der Mann hat mit dem Stücke etwas sehr Tüchtiges geliefert. Und wer ist er? Ich kenne ihn nicht; aber die Jahrhunderte werden ihn kennenlernen.«

Helmut Bachmaier